NIKKEI BP CLASSICS

Politische Theologie

Vier Kapitel zur Lehre von der Souveränität

政治神学

主権の学説についての四章

CARL SCHMITT
GEN NAKAYAMA [TRANSLATOR]
カール・シュミット
中山元［訳］

日経BP

カール・シュミット

Photo: Ullstein bild / AFLO

POLITISCHE THEOLOGIE

Vier Kapitel zur Lehre von der Souveränität

Carl Schmitt

1922

Das Zeitalter der Neutralisierungen und Entpolitisierungen

Carl Schmitt

1929

目次

4 反革命の国家哲学について ド・メーストル、ボナール、ドノソ・コルテス 151

付録

政治神学　主権の学説についての四章

凡例

●本書は、Carl Schmitt, *Politische Theologie*, Verlag von Duncker & Humbolt, München und Leipzig, 1922の全訳であり、同じ出版社から刊行された一九三四年の第二版も参照し、そのまえがきを掲載した。なお、付録としてシュミットの『政治的なものの概念』の第二版に掲載された *Das Zeitalter der Neutralisierungen und Entpolitisierungen, 1929* の全訳も掲載した。

●脚注は、すべて訳者注である。

●訳文の小見出しは、原文の目次ページに記載されていたものに基づいて訳者が作成したものである。

●訳文において〔 〕で囲まれたゴチック体部分は、第二版において削除された部分である。シュミットは第二版のまえがきにおいて、「第二版は、［初版に］手を加えないままに出版されている」（本書一九三ページ）と述べているが、ナチス時代に刊行されたこの第二版では、ユダヤ人の法学者のエーリッヒ・カウフマンを高く評価したところをすべて削除している。第二章の削除部分（本書七五～八七ページ）のように、一〇ページ以上にもわたる大幅な削除をあえて行っているのである。

●〈 〉で囲んだ部分は訳者による強調であり、［ ］で囲んだ部分は訳者の補足である。

主権概念の定義

Definition der Souveränität

1

主権と例外状態

主権者とは、例外状態《アウスナーメシュタント》について決定を下す者のことである。

この定義は、主権の概念について、それを限界概念として考察した場合だけにあてはまるものである。というのは、限界概念とは、通俗的な文献によくみられる粗雑な用語のように混乱した概念ではなく、極限的な領域における概念だからである。すなわち、この定義は通常の事例

と結びつけて考えることはできず、限界的な事例だけについて考えたものだということである。

ここで例外状態という概念は、国家論の一般概念として理解すべきであって、何らかの緊急命令や戒厳状態を意味するものではないことは、これから明らかにするとおりである。例外状態という概念が、主権の法学的な定義に適したものであることについては、体系としての根拠あるいは法理論としての根拠がある。すなわち例外についての決定こそが、優れた意味での決定なのである。

なぜなら絶対的な例外状態というものは、正規の形で適用される法規で構成された一般的な規範によっては決して把握することができないものであり、真の意味での例外状態が存在しているかどうかについての決定は、こうした一般的な規範では完全に根拠づけることができないからである。モール[*1]の著書では（モール『国家学の歴史と文献』フェルディ

ナント・エンケ、一八五五年、六二六ページ)、実際に緊急状況《ノートシュタント》が存在するかどうかについては、法律学的には検証できないと指摘しているが、その場合に前提されているのは、法律学的な意味での決定は、規範の内容から完全に導き出すことができなければならないということである。しかしここにこそ問題がある。モールが主張するこうした一般的な命題は、法治国家の自由主義的な考え方を表明したものであり、決断のもつ独自の意味を見落としているからである。

例外状況と主権者

主権を抽象的な図式として定義すると、「主権とは、ほかのものから導き

＊1　ローベルト・フォン・モール(一七九九〜一八七五)はドイツの国法学者。法治国家の概念を先駆的に基礎づけた。加藤弘之などをつうじて、日本の明治時代の法学理論に影響を与えている。

出すことのできない至高の支配権力である」ということになろうが、この定義を認めるかどうかは別として、そこには実践的にも理論的にも大きな違いはないだろう。こうした概念一般については異論はないのであり、少なくとも主権の概念の歴史においては、異論は提起されていない。異論が提起されているのは、この概念が具体的にどのように運用されるかについてである。すなわち、議論が生じているのは、紛争状況において決定するのは誰なのか、公的な利益や国家の利益、公共の安全と秩序、すなわち公共の福祉《サリュ・ピュブリック》はどこにあるかについてなのである。

例外状況《アウスナーメファル》とは、現行の法律では規定されていない状況であり、極端な緊急状況とか、国家の存立が危ぶまれる状況などとして示すことができるだけであり、事態に即して規定されたものではない。しかしこのような状況こそが、主権の主体はどこにあるかが問題とされるのであり、主権一般の問題が現実的なものとして示されるのである。どのような場

合に緊急状況が存在するのかについて、推定可能な明確さをもって示すことはできない。また、実際にこうした極端な緊急状況が存在していて、こうした状況を解消することが求められた際に、どのような行動を遂行できるかについて、その内容を列挙することもできないのである。そのためそうした行動を遂行する権限の前提についても内容についても、必然的に無規定であらざるをえない。だから法治国家としての枠組みでは、そのような権限など存在しない。憲法でもせいぜいのところ、そのような状況において、誰が行動することができるかを示せるにすぎない。

たとえば法治国家の憲法において実際にみられるように、たがいに制約を加えあい、均衡をとりあうさまざまな機関の間で、こうした行動［を行う権限］が配分されていない場合には、こうした行動にはいかなる制約も加えられないのであり、そこにおいて誰が主権者であるかが、

一目瞭然となるのである。

　主権者は、実際にこうした極端な緊急状況が存在するかどうかを決定し、そうした状況を解消するために何をなすべきかを決定する。主権者は通常において適用される法秩序の外に立つものであるが、憲法を全体《イン・トト》として停止しうるかどうかを決定する権限をもつものであるために、現行の法秩序の内部に属するのである。

　現代の法治国家の発展方向はすべて、こうした意味での主権者を排除しようとするものである。次の章で検討するクラッベ*2とケルゼン*3の理念も、こうした帰結を目指すものである。ところが、極端な例外状況を実際に世界から抹消することができるかどうかは、法律学で扱う問題ではない。こうした状況を実際に解消することができることを信頼し、そうした期待を抱くかどうかは、哲学的な確信の問題であり、とくに歴史哲学的な確信あるいは形而上学的な確信の問題なのである。

ボダンの問い

主権概念の発展の歴史を記述する試みもいくつかみられるが、どれも教科書風に、質疑応答のような形で主権の概念を定義するだけで満足しており、結局のところ抽象的な定式化の試みにすぎない。〈最高権力〉というまったく空虚な決まり文句が果てしなく反復されるばかりで、これまで主権概念について考察してきた著名な理論家たちを取り上げて、この

＊2　フーゴー・クラッベ（一八五七〜一九三六）はオランダの公法学者。憲法学や国際法を専門とした。フーゴー・プロイスとともに、国家ではなく法こそが主権者であるとする「法主権論」を主唱したことで知られる。

＊3　ハンス・ケルゼン（一八八一〜一九七三）はオーストリア出身の法学者。法実証主義を厳密に適用する「純粋法学」を確立し、公法学の分野で重要な貢献を行った。『一般国家学』、『純粋法学』、『社会学的国家概念と法学的国家概念』、『デモクラシーの本質と価値』などの重要著作のほぼすべてが邦訳されている。

概念をさらに明確に規定することを試みた著者はいないようである。

この主権という概念は、例外状況という危機的な状況にかかわるものであることは、すでにボダン[*4]が明らかにしたところである。ボダンは「主権とは、国家の絶対的で恒久的な権力である」と定義したが、「主権の真の特徴」（ボダン『国家論』第一部第一〇章）に示された彼の理論こそが、近代の国家論の端緒を示すものである。ボダンはさまざまな実際的な実例に基づいて主権の概念を説明しているが、いつも次のような問いにたどりついたのだった。すなわち〈主権者は法律によってどこまで制約を受けるか、諸身分にどの程度の義務を負うのか〉という問いである。

これらの問いは究極的で重要な問いであるが、ボダンはこれに次のように答えた。すなわち〈約束というものが拘束力をもつのは、約束を拘束する力が自然法に基づくものだからである。ただし緊急状況におい

ては、こうした拘束は、一般的で自然的な法則に従って解消される〉というのである。ボダンは一般的な形で、〈王侯が諸身分や領民にたいする義務を負うのは、王侯の約束を実行することが、領民の利益に適う場合にかぎられるのであり、緊急な必要がある場合には、王侯はそうした約束には拘束されない〉と語っている。

これはとくに目新しい命題ではない。ボダンの説明において決定的に重要なのは、王侯と諸身分の関係を、単純な〈あれかこれか〉の形式で把握し、しかもそれを緊急状況について示したことである。ボダンの定義で何よりも興味深いのは、主権を分割できない統一体として捉え、国家の権力の問題に最終的な解決を示したことにある。だからボダンの学問的な業績は、主権の概念に〈決断〉という要素を持ち込んだことに

＊4　ジャン・ボダン（一五二九頃〜一五九六）は一六世紀のフランスの政治思想家。『国家論』において、主権を国家に属する不可分で絶対的な権力と規定して、近代的な主権概念を確立した。

あり、彼の成功の理由もそこにある。

現在では、主権の概念について考察する際に、人々に馴染みの箇所はつねに引用されるものの、『国家論』の決定的に重要な前記の第一部第一〇章を引用した人は誰もいない。ボダンは、王侯が諸身分や領民に与えた約束のために、主権は解消されるのかと問う。そして王侯がこうした約束に違反して行動せざるをえず、その状況、時点、相手の人物のもたらす必要性に応じて、法律を修正するか、完全に廃止せざるをえなかったさまざまな状況について説明しているのである。もしもこうした状況において、王侯があらかじめ元老院や領民の意向を問わねばならないのであれば、臣下は王侯を無用な存在にしたのだと言わざるをえない。

しかしボダンにはこれは不合理なことに思えた。諸身分は法律を支配する者ではないのだから、王侯はこれらの諸身分を無用な存在にして

しまう。そうすると、主権は王侯と諸身分の間で翻弄されるものになってしまう。あるときは領民が支配者となり、あるときは王侯が支配者となるのであり、これはまったく理性と法律に反することである。だからこそ、一般的な場合でも、個別の事例に即した場合でも、その時点で有効な法律を廃止する権限をもつということが、主権の本来の特徴なのである。ボダンはそこから、宣戦布告と和平の締結、官吏の任命、最終的な決定の審級であること、恩赦権の所有など、主権のその他のすべての特徴を引きだそうとしたのである。

決定の意味

わたしは独裁についての著作（シュミット『独裁』ミュンヘン／ライプチヒ、一九二一年）において、歴史的な記述にみられる伝統的な図式に反し

て、一七世紀の自然法論の論者たちにおいても、主権の問題は例外的な状況において決定を下す権利があるかどうかによって考えられていたことを示した。とくにプーフェンドルフ[*5]はそのように考えていた。これらの自然法論者たちは誰もが、国家の内部に対立が発生した場合には当然ながら、すべての党派が公共の利益だけを望むものであること（〈万人の万人にたいする戦い〉という用語の意味はここにある）、そして主権の本質は、そして国家そのものの本質は、この争いに決着をつけ、公的な秩序と治安とは何であり、どのような場合にそれが乱されたとみなすかを決定する力をもつことにあるという点で、意見が一致していたのである。

具体的な現実の場においては、公共の秩序や治安はどのような場合に維持されているか、またどのような場合にそれが脅かされ、乱されたかを決定する主体は誰であるか、たとえば軍国主義的な官僚機構が決定するのか、商業的な精神に支配された自治体が決定するのか、過激な党

派が決定するのかによって、こうした公共の秩序や治安そのものがきわめて多様なものとなるのである。というのも、すべての秩序は〈決定〉によって生まれるものであり、法的な秩序の概念は、考えなしに自明のものとして使われているが、法律学的に異なる二つの対立した要素を含んでいるのである。法的な秩序は、すべての秩序と同じように、規範によって生まれるのではなく、決定によって生まれるのである。

ドイツ諸邦は国家であるか

主権者であるのは神だけであるとすれば、地上の現実においては、矛盾なく神の代理人として行動する者だけが主権者となるだろう。主権者は

＊5　ザムエル・フォン・プーフェンドルフ（一六三二〜一六九四）は、ドイツの法学者。グロティウスを受け継いで、国際法の研究で当時の第一人者となった。主著は『自然法と万民法』。

皇帝であるか、領主であるか、人民であるかのいずれかだろう。いずれにしても矛盾なく人民と同一化される者が主権者であるだろう。いずれにしても重要なのは、主権をもつ主体は誰なのか、主権の概念を具体的な事実にたいして適用するのは誰なのかということである。

法律学者が主権の問題を考察する場合には、一六世紀以降は、主権の権能を列挙した一覧表を作成する作業から始めるが、これは基本的にすでに指摘したボダンの議論に基づくものである。主権者であるということは、この一覧表に示された権能をもつということになる。国法学的な議論においては、古いドイツ帝国の不明確な法的な関係のもとでは、多数の特徴に含まれる何らかの特徴が存在することが明確に確認された場合には、その他の不明確な特徴もまた存在したに違いないと推論する傾向があった。そのため議論の対象となったのは、降伏権のように明確に規定されていないさまざまな権能が、誰に属するものであるというこ

とだった。すなわち決定する権利は誰のものであるかがまったく規定されていない状況において、誰が決定を下す管轄権を所有しているかが、議論されたのである。通俗的な言い方をすれば、誰が無制約な権限をもっているかが問われたのである。これはすなわち、例外状況についての議論、極端に緊急な事態についての議論なのである。

いわゆる君主の権力についての議論でも、このことが同じ法論理的な構造において反復される。この場合にも、憲法によって規定されていない権能について決定を下す権利をもつのは誰か、決定権をもつ主体が法律で規定されていない場合に、決定を下す権利をもつのは誰かが問題とされたのである。一八七一年のドイツ帝国の憲法によって、ドイツの諸邦は主権者として認められるかどうかが議論されたものだったが、これは政治的にはそれほど重要に意味をもつ問題ではなかった。しかし議論の図式が同じものであるのは明らかである。

［法学者のマックス・フォン］ザイデル[*6]は、ドイツのそれぞれの邦は主権をもつことを証明しようとしたが、このザイデルの論証の要《かなめ》は、個々の領邦に残された権限を他の規定から導き出すことができるかどうかにかかわるものではなく、むしろ帝国の権限は憲法によって明文化されているために原理的に制約されているが、それぞれの邦の権限は、原理的に無制約であるということにあった。

一九一九年の現行のドイツ憲法［ワイマール憲法］では、第四八条において、例外状態を宣言するのはライヒの大統領であること、そしてこの宣言は国会の制約をうけるものであり、国会は常時、この宣言を撤回することを要求できることを定めていた。この規定は、ドイツという法治国家の発展と慣行にふさわしいものであり、［大統領と国会の間の］権限の分割と相互の制約によって、主権がどこにあるのかという問題の解決をできるかぎり先に延ばそうとするものだった。

ただし法治国家としての傾向からすると、この規定はたんに例外状態における権限の付与という前提を規制しているだけであって、第四八条の内容そのものを規制するものではない。第四八条は、［大統領に］無制限の全権を与えるものであるから、制約されずに［大統領が］決定を下した場合には、［大統領に］主権を認めるものとなるだろう。これは一八一五年のドイツ連邦規約第一四条では、君主に例外状態における権限を付与することで、君主を主権者としたのと同じことである。

第四八条については、現在はそれぞれの邦には例外状態を宣言する独立した権限を与えていないと解釈するのが主流である。その場合は、それぞれの邦はもはや国家ではなくなる。ドイツの邦が国家であるかどうかという問題の核心となるのが、この第四八条なのである。

＊6　マックス・フォン・ザイデル（一八四六〜一九〇一）はドイツの公法学者。主著の『一般国家学』は国家と憲法の理論に大きな影響力をもった。

法の規範と例外状況における決定

例外状況においてどのような権限が認められるかを明確に規定するには、相互的な制約の規定によるか、時間的な制約を定めることによるか、戒厳状態における法治国家の規制のような、特別な権限を列挙することによって決定できると考えられる。これが明確に規定されたならば、主権の問題は消滅に向かう決定的な一歩を進めることになるが、それで解消されてしまうわけではない。法律家は、日常生活の問題や、日常の業務の問題に従事している場合には、主権の概念には関心をもたない。こうした法律家にとっては、通常の事柄だけが認識しうるものなのであり、その他のすべては「邪魔物」なのである。極限的な状況に直面すると、彼らはなすすべを知らない。

というのも、異常な権限や、警察による緊急措置や、緊急命令などはどれも、ただちに例外状況を作りだすものではないからである。例外状況が生まれるためには、原理的に無制約な権限が必要であり、そのためには現行のすべての秩序が停止される必要がある。このような状態が発生した場合には、法がその効力を失っていることは明らかであるが、それでも国家はまだ存在しつづけているのである。例外状態というものは、無政府状態でも混沌状態でもないのであり、法的な意味で考えるならば、法的な秩序は存在しないとしても、ともかくもある秩序が存在している。この状態において、国家の存立が、法的な規範の効力よりも明白に優越するものであることが証明されている。この状態では、「主権者の」決定が、あらゆる規範からの拘束を免れて、本来の意味で絶対的なものとなる。例外状況においては、国家はいわゆる自己保存の権利によって、法を停止させるのである。

この状況においては、「法－秩序」という概念を構成する「法という規範と決定という」二つの要素がたがいに対立しあい、概念的に独立したものであることが示される。通常の状況では、決定のもつ独立的な要素は最小限に抑えることができる。これにたいして例外状況では、規範が無効なものとされる。それでも例外状況について法律的に認識することは可能である。それは規範と決定という両方の要素が、法律学的なものの枠組みにとどまっているからである。

国家の本質を示す例外状況

あるいは〈例外〉には法律学的な意味はなく、「社会学」に属する概念であると主張することもできようが、こうした主張は、社会学と法律学とを機械的に分離しており、こうした分離を粗雑に適用するものであろう。

〈例外〉とは［普遍のもとに］包括されうるものではなく、一般的に把握することのできないものである。しかし同時にこの〈例外〉という概念は、決断というきわめて法律的な形式要素を、その絶対的な純粋さにおいて示すものである。例外状況が絶対的な形で登場するのは、法的な規定が適用されうる状況が作りだされた場合のことである。

一般的な規範というものは、生活関係が正常な形で構成されていることを前提とするものである。規範はこうした正常な生活関係に適用されるべきものであり、こうした生活関係を規範の定めた規制に従わせるのである。規範は均質な環境を必要とする。事実としての正常性は、たんなる「外的な前提」として、法律学者が無視することのできるようなものではない。それはむしろ規範の内在的な有効性の一部を構成するものである。

混乱状態《カオス》に適用できるような規範など存在しないだろう。法秩序が

意味をもつためには、秩序が作りだされていなければならない。そのためには正常な状況が作りだされていなければならない。そして主権者とはまさに、こうした正常な状態が実際に存在するかどうかを明確に決定する者のことである。すべての法は「状況に規定された法」である。主権者こそがこうした状況を作りだし、その全体の状況を、全体的なものとして保証する。主権者とは、この究極の決定を独占的に行う者なのである。

ここにこそ国家の主権の本質がある。国家の主権とは法律学的に正確には、強制力や支配力を独占する者としてではなく、決定を独占する者として定義しなければならない。この〈決定〉という語は、これからまだ敷衍する必要のある一般的な意味において使われている。例外状況は、国家のもつ権威の本質をきわめて明確に示している。例外状況において決定は、法的な規範とは別のものとして示される。逆説的に表現す

るならば、法律を作りだすために、法律を必要としないことが、国家のもつ権威を明確に証明しているのである。

例外状況における法の停止の謎

［ジョン・］ロックの法治国家についての議論と、一八世紀の合理主義の理論の枠組みでは、例外状況とはその理論のうちに包摂することのできないものだった。一七世紀の自然法の理論は、例外状況の意味について、生々しい意識をそなえていたものだが、一八世紀においてかなり持続的な秩序が構築されたために、こうした意識はすぐに失われたのである。カントにとっても緊急権は、そもそも権利と呼べるものではなかった。

これについて今日の国家論は、興味深い光景を作りだしている。合理主義的な理論は緊急状況を無視しようとするが、それとは対立した形

で、理念によって緊急状況に関心が抱かれる傾向が存在しているのである。ケルゼンのような新カント派の法学者が、例外状態を体系的に考察することができないのは、ごく当然のことである。〔エーリッヒ・カウフマン*7がこれまで発表した著作は、これについての見取り図を示してくれている。カウフマンの著作『国際法の本質と事情変更の原則』は、緊急権をこの書物の議論の出発点としており、そこに基本的で有機的な一貫性をみいだすことができる。〕

ただし合理主義者たちも、法的な秩序がみずから例外状況の発生を予想していること、そして「みずからを停止することができる」ことには、関心を抱かざるをえないだろう。この種の法律学的な合理主義者たちには、ある規範や秩序や帰責の場所が「みずから定められる」という考え方は、とくに受け入れやすい観念であるようだ。

しかし体系的な統一性や秩序というものが、どのようにしてある具

体的な事例において、みずから停止されうるのかについては、構成するのが困難である。そして例外状況を、法律学的な混乱とみなすことなく、無秩序と異なるものと考えるかぎりは、このことは法律学的な問題でありつづける。法治国家には、例外状態をできるかぎり詳細に規定することを望む傾向があるが、これは法律がおのずから停止される状況を、正確に記述しようとする試みにほかならない。問題なのは、法はこのような力をどこから獲得するのかということであり、また事実に即して把握することのできないような具体的な事実への例外を認めながらも、ある規範が通用するということが、論理的にどうして可能になるの

＊7　エーリッヒ・カウフマン（一八八〇〜一九七二）はドイツの法律学者。ワイマール憲法の解釈で、新カント派の法実証主義に対抗する議論を展開した。ユダヤ教を信仰する一家に生まれたために迫害され、一九三二年に国外に移住している。シュミットはカウフマンのユダヤ人としての出自のためか、本書の一九三四年の第二版では、カウフマンについて言及したところをすべて削除している。これについては凡例を参照されたい。

かということである。

合理主義法学の限界

首尾一貫した合理主義であれば、例外の存在は何も証明するものではなく、正常な状態だけが科学的な関心の対象となりうると述べるだろう。例外とは、合理主義的な図式の統一と秩序を攪乱するものである。実定的な国家論においても、同様な議論を目にすることが多い。たとえばアンシュッツ[*8]は、予算法が存在しない場合にどうすればよいかと尋ねられると、それはそもそも法の問題ではないと答える。「これは法律《ゲゼッツ》の欠陥、すなわち憲法の条文の欠如の問題ではなく、法《レヒト》の欠陥である。こうした法の欠陥は、法律学的な概念操作によって補うことはできない。これについては国法学はなにもなしえないのである」というのである（『ドイツ

憲法テキストブック』九〇六ページ)。

〔エーリッヒ・カウフマンが極限的な状態を法から排除しようとしているのも、こうした合理主義の残滓のためであるように思える。カウフマンは緊急状態の問題を説明する際に、〈二人の人物が生命の危険に直面した場合には、二つの緊急権が存在することになり、片方の人が他の人を殺害したとしても、合法的でありうる〉という状況をとりあげて、「法はその規定によってこうした極端な状況を合理化することも、規制することもできない。そのような運命を前にした法はただ恐れて退くことができるだけであり、損害賠償を請求することも、刑罰を加えることもできない」と述べている(カウフマンの前掲書の一一二ページ。

*8　ゲルハルト・アンシュッツ(一八六七～一九四八)はドイツの憲法学者で、ワイマール憲法の主要な注釈者の一人。法実証主義の立場から、憲法に注釈を加えた。ワイマール共和国の時代に彼の憲法注釈書が一四版も重版されたという。

また、『調査委員会と国事裁判所』七七ページも参照されたい)。

カウフマンはこの文章では、二人の私人あるいは国際法の秩序のもとでの二つの国家の緊急状態について語っているだけである。しかし一つの国家の内部で極端な緊急状況が発生した場合には、こうした緊急状況こそが、国家秩序の本質を示すものでないだろうか。というのもカウフマンはここで、「緊急性は法の有限性と偶然性をあらわにする」というヘーゲルの『法哲学』の第一二八節の言葉[*9]を引用しているからである。これにつけ加えるならば、緊急性は法の有限性と偶然性をあらわにすると同時に、国家の意義を明らかにするものであり、ここにおいてこそ国家が法学の関心の対象とならざるをえないのである。}

これにたいして具体的な生の哲学ならば、例外や極端な状況から逃げ出すべきではなく、こうしたものに最高度の関心を抱くべきであると主張するだろう。こうした生の哲学にとっては、通例よりも例外のほう

が重要なものでありうるからである。それは逆説を好むロマン主義的なアイロニーによるものではない。むしろ平均的な形で反復されるものを明確に一般化するだけではなく、さらに深いところに到達しようとする洞察のもつ徹底的な真剣さのためである。例外は、通常の状況よりも興味深いものである。通常の状態は何も証明しないが、例外はすべてを証明する。例外によって通常の状態が確認されるだけではない。通常の状態とはそもそも、例外によってのみ生きるものなのである。

例外においてこそ現実の生の力は、反復されることで強固なものになった機械的な働きに生じた〈殻〉を打破するのである。あるプロテスタントの神学者は次のように語ったが、この言葉は、一九世紀においても神学的な省察がきわめて強烈な力をもちうることを証明している。

*9 「緊急という考えのなりたつことが、権利としあわせの有限性と偶然性を［中略］示している」(ヘーゲル『法哲学講義』長谷川宏訳、作品社、二四九〜二五〇ページ)。

「例外は一般的なものを説明し、それによってみずからを説明する。一般的なものを正しく考察しようとするならば、現実に存在する例外に注目すべきである。例外は、一般的なものよりもはるかに明確に、すべてのことをあらわにしてくれる。一般的なものについてくどくどと語りつづけるならば、うんざりしてしまう。というのも、いくつもの例外が存在するからである。例外を説明できないならば、一般的なものを説明することもできない。ただし多くの場合、人々はこれに気づかない。人々は一般的なものについて情熱をこめて説明せず、便宜的に表面だけを考察するからである。これにたいして例外は、活力にみちた情熱をもって、一般的なものを考察するのである」*10。

＊10　ここで述べられているプロテスタントの神学者とはキルケゴールのことである。キルケゴールは『反復』においてほぼ次のように語っている。「例外は自己みずからを考え抜くことによって同時に普遍者を考える。例外は全力を尽くして自己みずからを作り上げることによって普遍者のために働く。例外は自己みずからを説明することによって普遍者を説明する」。「長い間には、普遍者についての果てしない饒舌に、退屈で味も香りもなくなるまでに反復される普遍者そのものに、人は飽いてしまいます。そこに例外が生まれるのです。例外を説明することができなければ、普遍者を説明することもできません。この困難はふつうは気づかれずにいますが、それは普遍者を情熱をもって考えないで、安易に皮相な考え方をしているからです。例外はそれとは逆に、精力的な熱情をもって普遍者を考えます」（キルケゴール『反復』桝田啓三郎訳、岩波文庫、一九三〜一九五ページ）。

法の形式および
決定の問題としての主権の問題

Das Problem der Souveränität als Problem
der Rechtsform und der Entscheidung

2

主権概念の誕生とさまざまな定義

公法についての理論や概念が、政治的な出来事や変化の影響を受けて変わるものだとすれば、現代における実践的な観点からみて議論をすべきであり、当面の目標に従って伝統的な観念が修正されることになる。新しい現実は新しい社会的な関心を呼び起こすことがあり、あるいは国法上の問題を取り扱う「形式主義的な」方法に対する反発を招くこともあ

りうる。他方で法律的な処理の作業を、政治関係の変化から独立させようとする努力や、一貫した形式的な処理方法によって科学的な客観性を確保しようとする努力が姿を現すこともありうる。このようにして政治的な事態は同じでも、異なった学問的な傾向や潮流が発生することがあるのである。

〔最近ドイツで刊行された国法学についての著作を調べてみても、この問題についての理論的な対立を明確にしながら、さまざまな概念を詳細に規定するような理論的な関心が高まっているとは思えない。法律学の分野における一般的な関心もそれほど高くないようである。エーリッヒ・カウフマンの『新カント主義的法哲学批判』は注目すべき著作であるが、これが教養のある法学者たちのうちで、取るに足らない著作とみなされたこともその一つの現れであろう。この著作は認識論や方法論をめぐる仲間同士の相変わらずの争いの一つにすぎないものとして扱わ

れたのである。ただしカウフマンの著作は他者を批判することにとどまっており、自らの国家論を積極的に展開するのは今後の課題とされている。ヴォルツェンドルフは[*11]、精神を研ぎ澄ませることを求めながら、新しい国家の根底に新しい国家の理念が存在しなければならないことを唱えるだけの学者的な風格をそなえていた人物であるが、まだそのような課題は実現しておらず、たんに一つの計画とそれにかかわる多数の概要を示しているだけである。マックス・ウェーバーの著作にみられる膨大なまでの社会学的な資料は、法学の概念構成のために役立つものであるが、まだそのような試みは行われていない。〕

主権概念はあらゆる法律的な概念のうちでも、現実的な関心によってもっとも強く支配される概念である。主権概念の端緒はボダンにある

*11　クルト・ヴォルツェンドルフ（一八八二〜一九二一）はドイツの法学者で、国家論および抵抗権に関する著作で知られる。

とされることが多いが、一六世紀以降になって、主権概念が論理的に発展したとか、進展したとか主張することはできない。主権概念の理論的な諸段階は、さまざまな政治的な権力闘争の状況によって規定されるものであって、その概念の内容が弁証法的に進化して規定されるわけではないのである。

一六世紀においてボダンの主権概念が生まれたのは、ヨーロッパがさまざまな国民国家に最終的に分割され、そのプロセスにおいて絶対君主と諸身分の間で闘争が行われたという状況を反映したものである。そして一八世紀になると、新たに誕生した国家が国家として自覚をもつようになったことが、ヴァッテル[*12]の国際法的な主権概念に反映されるようになる。

新たに建国されたドイツ帝国においては、一八七一年以降、連邦に含まれる諸国家が連邦に対してどのような主権領域を所有するかを定め

る原則を確立する必要があった。ドイツの国家論はこの関心に基づいて、主権概念と国家概念を明確に区別するようになったのである。そしてこの区別に基づきながらドイツの国家論は、連邦に含まれる諸邦に対して国家としての性格を認めながらも、それに主権を与えることは避けようとしてきたのである。いずれにしても主権とは、法的に独立し、他の根拠から導き出すことのできない最高の権力であるという旧来の定義が、さまざまに変容されながらも、繰り返し維持されてきたのである。

このような定義は、政治的で社会的な複合体に適用されるものであって、政治的に多様な関心に役立ちうるものである。この定義は現実のあり方を適切な形で表現したものではなく、一つの公式であり、記号で

＊12　エマーリヒ・ド・ヴァッテル（一七一四〜一七六七）はスイスの法学者。主著の『国際法，すなわち国家および主権者の行為と事務に適用される自然法の諸原則』は国際法の普及に大きく貢献した。

あり、標識である。この定義はきわめて多義的なものであるため、実際においてはその状況に応じて、きわめて有効であることも、まったく無価値なこともある。この定義は現実に存在するものとして「最高の権力」という最高級の表現を使ってはいるものの、実際には因果律に支配された現実のうちから、そのような最高級の表現が表すことのできるような個別の要素は、何も取り出していないのである。政治的な現実のうちには、自然法的な確実さによって機能する権力とか、抵抗することができない最高の権力、すなわち最大の権力のようなものは存在しないのである。

権力は法についてはどのような意味でも証拠になるものでもない。それはルソーが、彼の生きた時代を背景にして次のように要約した簡単な理由からである。力は物理的な権力であって、強盗が手にしているピストルもまた一つの権力だからである（『社会契約論』第一編第三章）[*13]。

主権概念の根本的な問題は、事実として存在する最高権力と、法律によって定められた最高権力をいかにして結びつけるかということにある。ここにこそ主権概念のすべての難問が存在している。この難問を解くには、一般的な同義反復的な述語を述べるのではなく、主権の法律学的な本質を明確に規定することによって、この根本概念を法律学的に把握しうる定義を発見しなければならない。

＊13　ルソーは『社会契約論』において、力によって権利を作り出すことはできないことを次のように説明している。「森の片隅で強盗に襲われたとしよう。すると私は強いられて、財布を渡すだろう。しかし私は財布をうまく隠せる時にも、良心的に財布を渡すべきだということになるだろうか。強盗の持っている銃もまた、一つの権力なのだから。だから力は権利を作り出さないこと、私たちには正当な権力以外のものには服従する義務はないことを認めよう」（ルソー『社会契約論』。翻訳は中山元訳、光文社古典新訳文庫、二六ページ）。

ケルゼンの解決策

この数年間に主権概念についてきわめて詳細に研究した複数の論文が発表されているが、これらの論文のうちには、まず社会学と法律学を対立させ、安易な二者択一によって、純粋に社会学的なものと純粋に法律学的なものを取り出すという方法によって、簡単に解決することを目指すものがある。ケルゼンの著書『主権の問題と国際法理論』（チュービンゲン、一九二〇年）と『社会学的な国家概念と法律学的な国家概念』（チュービンゲン、一九二二年）はこの方向に進んだものである。この試みでは法律学的な概念からあらゆる社会学的な要素を取り除くことによって、さまざまな規範と、究極的で統一的な根本規範の分類体系を、混じりもののない純粋さで獲得しようとしているのである。

これらの著作では存在と当為の対立、因果的な考察と規範的な考察の対立という昔ながらの対立が、ゲオルク・イェリネック[*14]やキスチャコフスキー[*15]以上の入念さと厳密さをもって、社会学と法律学の対立に置き換えられている。しかしこうした対立は、これらの法律学者と同じようにいかなる証明を示すこともなく、ごく自明なものとして考えられている。法学にとっては、他の学問や認識論からこのような区別を押しつけられるというのは、一つの宿命なのかもしれない。

そしてケルゼンがこの方向に進むことによって次のような結論に到達したことは、まったく驚くに足らぬことである。すなわち法学的に考

*14　ゲオルグ・イェリネック（一八五一〜一九一一）はドイツの著名な公法学者。英米の法実証主義とは異なる大陸系の実証主義を主唱した。人権宣言論や一般国家学などの主要な著書が邦訳されている。
*15　アレクサンドル・ペトロヴィッチ・キスチャコフスキー（一八三三〜一八八五）はロシアの法学者で、ウクライナ国民運動の重要な人物となった。

察するならば、国家は純粋に法学的な存在でなければならず、規範的に有効な存在でなければならないというのである。そのようにして国家は法的な秩序とは別の、法的な秩序と並んで存在するような実在ではないし、そのようなものとして構成された存在などでもないことになる。そしてむしろ国家は、こうした法的な秩序そのものでなければならないとされる。ただしここでも、どのような国家がそうした統一体でありうるかという問題が生じるのだが、ケルゼンはこれを困難な問題とは考えていないようである。

このように考えるならば国家が法秩序を作り出すものであるとか、法秩序の源泉であるとみなすのは間違いであることになる。ケルゼンによると国家についてのこうした考え方は、擬人化や実体化のもたらしたものであって、もともとは単一で同一である法の秩序を二つに分割して、異なった主体に割り当てようとする試みにほかならない。ケルゼン

は国家はすなわち法秩序であり、究極の根本規範と究極の帰属場所を決定する帰属の体系であると考える。国家の内部には上位の秩序と下位の秩序が存在するが、こうした秩序の階層関係は、権能や権限が、統一的な中心点からもっとも下位の段階にまで及ぶことによって生まれるのである。また最高の権能は一つの人格や社会学的および心理学的な権力複合体に属するものではなく、規範体系の統一としての主権的な秩序そのものに属するものだということになる。

法律学的な考察にとっては、現実の個人も虚構の個人も存在せず、個人が帰属する場所だけが存在する。国家とは帰属の最終的な到達点であり、この到達点においてこそ法律学的な考察の本質である帰属関係が「終わる」ことができるとされるのである。この帰属「点」はさらに、「これ以上は他のものから導き出すことのできない秩序」でもある。秩序の一貫した体系は、根源的で究極的な最高の規範から出発して、低位

の委譲された規範にまで及ぶものとして構成されうるのである。この理論は学問的なあらゆる敵に対して、つねに同一の決定的な立場を繰り返し提示する。すなわち規範が有効となる根拠は、規範のうちにしかないというのである。だから法律学的な考察にとっては、国家は国家の憲法、すなわち国家の統一的で根本的な規範と同じものなのである。

ケルゼンの議論の問題点

ケルゼンのこの議論の要は「統一」という言葉にある。ケルゼンは「認識の立場の統一性を確保するにはどうしても一元論的な見解が必要になる」と述べている。社会学と法律学という方法論上の二元論は、結局は形而上学的な一元論に帰着する。それでも法秩序の統一体である国家は、法律学の枠組みにおいては、いかなる社会学的なものも含まない「純粋

な」ものとされている。それではこの法律学的な統一性というものは、その全体系が世界を包括するような統一性をそなえていることを意味するのだろうか。この統一がもしも自然法的な体系の統一でも、理論的で一般的な法律学の統一でもなく、実際に存在する現行秩序の統一であるとするならば、多数の実定的な規定をどのようにして、同じ帰属点を持つ統一へと収斂させることができるのであろうか。

しかし秩序とか体系とか統一というのは、一つの同じ要請を言い換えたものにすぎないのではないだろうか。そしてこの要請なるものは、体系というものは何らかの「体制」に基づいて成立することは必然的なことであり、しかもそれが純粋な形で行われることを求める要請にすぎない。そして「体制」というものもまた、「統一」を同義反復的に言い換えたものにすぎないか、あるいは社会学的で政治学的な生《なま》の事実を意味するものにすぎないのである。

ケルゼンによると、体系的な統一は「法律学的な認識の自由な行為」であるとされている。一つの点はひとつの秩序であり、一つの体系であり、一つの規範と等しいものであるべきであるというのは興味深い数学的な神話であるが、ここではそれに立ち入るのを避けておこう。そしてさまざまな帰属点に対する帰属関係が、実定的な規定によるもの、すなわち命令によるものでないとすれば、思考のうちでその必然性や客観性が生じるのはどのようにしてかという問いを提起しておくことにしよう。

ケルゼンにおいてはまるでごく自明なことであるかのように、一貫した統一や秩序について繰り返し論じられている。そして自由な法律学的な認識の結果と、政治的な現実においてのみ統一体として存立しうる複合体との間には、予定調和的な結びつきが成立するかのように、高次の秩序と低次の秩序という階層関係が論じられる。そして法律学においい

て考察されるすべての実定的な規定に、こうした階層関係がみいだされるとされているのである。

ケルゼンは法律学をどこまでも純粋に高めていくことによって規範的な学に到達しようとする。しかしこの規範的な学なるものは、法律家が自らの自由な行為に基づいて評価するという意味で〈規範的な〉ものなのではない。法律家は自らに与えられた、すなわち実定的に与えられた価値を基盤にして評価するしかないのである。このことによって一つの客観性が可能になるように思えるとしても、それによって実定性との必然的な関連が可能になるわけではないのである。

法律家が依拠している諸価値は、たしかにその法律家にとっては所与のものであるだろうが、法律家はこうした所与のものに対しては相対的な優越性をそなえている。というのも法律家は「純粋な」法律家としての範囲を超えない限り、自分が法律学的に関心を持つすべての事柄に

基づいて、一つの統一を構成することができるからである。しかしこうした統一性も純粋性も、本来の難問をあっさりと無視することによって、そして形式的な根拠に基づいて、体系と矛盾するものをすべて不純なものとして排除するという安易な方法によって獲得されているにすぎないのである。

法律家が、なにごとにも深く考察しようせず、自ら定めた方法論を断固として維持しながら、これまで法律学とみなされてきたものと自らの法律学がどのような点で異なるかを、ただ一つの具体例によっても示そうとしないならば、どんな批判でも安易に行うことができよう。そもそも方法論的なこだわりや、概念の精密化や、鋭い批判などというものは、たんなる準備作業としての価値しか持たないものである。法律学とは形式的なものであるという理由から、こうしたものによって問題の核心に触れることを避けるならば、どれほど多くの言葉を繰り出そうと

も、法律学の中心問題に取り組むことはできないのである。〔そしてエーリッヒ・アイヒマンが、新カント主義的な法哲学を批判する著作において、この種の考え方は一面的なものであると指摘したのも、もっともなことである。これまではケルゼンはそのような一面的なやり方にとどまってきたのである。〕

クラッベの法主権説

ケルゼンが主権概念の問題を解決するのは、それを無視することによってである。彼の推論の結論は、「主権概念は徹底的に排除しなければならない」というものである（前掲の『主権の問題と国際法理論』三二〇ページ）」。これは実際には昔ながらの自由主義的な立場に立ちながら、法との対比において国家を否認するということであり、法の実現という独自

の問題を否認するということである。こうした考え方を述べた重要な著作としてフーゴー・クラッベの著書がある。クラッベの法主権説は、国家ではなく法律が主権者であると主張するものである。クラッベの『法的な主権の問題』（一九〇六年）を参照されたい。この書物は一九一九年に『現代の国家理念』というタイトルで増補第二版が刊行されている。

ケルゼンはクラッベのこの書物を、国家と法秩序が同一であるという彼の理論の先駆をなすものと考えているようである。実際にクラッベの理論は、ケルゼンの結論と同じ世界観的な土台に立っているが、オランダの法学者であるクラッベの理論には、ドイツの新カント主義の法学者であるケルゼンの認識論や方法論的な特徴と共通するところはまったくない。クラッベは「法主権説は解釈者次第によって、現実に存在する状況を記述したものとも、その実現を努力すべき要請を示したものとも解釈することができる」（同書三九ページ）と述べているのである。

クラッベによると、現代の国家理念は、国王や統治者などの人間の権力の代わりに、精神的な権力を設立するものである。「わたしたちはもはや、自然の人間にせよ、法人のような構成された人格にせよ、何らかの人格の支配下にはなく、さまざまな規範や精神的な力の支配のもとで生きている。現代の国家理念はここに明確に示されている」という。わたしたちを支配しているのは言葉のもっとも厳密な意味において、これらの力だという。なぜなら「これらの力は、人間の精神的な本性から生まれたものであるために、こうした力に人々は自発的に服従するからである」。法秩序の根底や根源は「民族共同体の法感覚や法意識のうちにのみいだすことができる」とされている。そして「こうした根源についてはもはやこれ以上は論じる余地がない。こうしたものだけが、現実的な価値をそなえているのである」という。

クラッベは支配形態について社会学的な研究を行うつもりはないと

述べているが（同書七五ページ）、実際には現代国家の有機的な構成について、本質的に社会学的な説明をしている。現代国家においては、職業的な官僚が独立した支配権力として国家と同一視されており、官僚制の優れて公共的で法律的な性格は、通常の雇用関係とはまったく異質なものとみなされている。公法と私法との対立は、それが主体の現実性における区別に基づくものとしては、強く否定されている（同書一三八ページ）。

現代のあらゆる領域において分権化と自治が発達しているが、この事実は現代の国家理念をますます明確に示すものとみなされている。国家ではなく法が権力を持つものと考えられている。「昔から権力こそが国家の標識であると繰り返し主張されてきたのであり、国家は権力の現象形態であるという概念規定が繰り返し行われてきた。わたしたちはこの概念規定を容認することはできるものの、そのための条件として、こ

の権力は法として発現するのであり、法的な規定の発布以外のいかなる形においても有効なものとはならないことを指摘しておかなければならない。またこれに関連して確認しておかなければならないのは、国家が国家であることを明らかにするのは、法律を作り出すことによってである。それが新たな法律の作成によるか、既存の法律を別の形で解釈することによるかは問わないのであり、法律を適用することによってではないし、何らかの公共の利益を認めることによってでもないのである」（同書二五五ページ）とされている。国家の任務はただ法律を「作る」ことにあり、さまざまな利益の法的な価値を確定することにすぎないというのである（同書二六一ページ）。

「それは何らかの利益の支配によってではなく、何らかの固有の本来的な法源によって行われるのであり、そのすべての利益とその他のさまざまな利益は、この法源から自らの法的な価値を獲得するのである」

（同書二六〇ページ）。国家の役割はただ法を作ることだけに限定される。ただし国家が保護すべき内容を定めて、みずから立法するというわけではない。国家はさまざまな利益の法的な価値を、民衆一般の法意識に従って確定する役割を果たすだけなのである。

ここでは国家に二重の意味で制約が加えられている。第一に国家の役割は、法律を利益や福祉に対立するものとして定める作業を行うものとして限定される。カントの法理論において〈質料〉と呼ばれるものに対立するものだけを、法として定めるよう限定されるのである。第二に国家が法律を確定する際には、法律を構成するのではなく、あるものを法として宣言することだけに限定される。クラッベにおいてとくに注意すべきことは、彼にとっては法と利益の対立は、形式と質料の対立ではないということである。クラッベが公共の利益はすべて法によって支配されると主張するときに意味しているのは、現代の国家においては法的

な利益が最高の利益であり、法的な価値が最高の価値であるということなのである。

ギールケの国家論

クラッベは中央集権的な官憲国家に反対するという姿勢において、「ギールケの」団体理論に近いところにいる。クラッベの官憲国家に対する闘争と、官憲国家の法律家などに対する闘争は、フーゴー・プロイス[*16]の有名な著作を思い出させるものがある。団体理論の創始者であるギールケ[*17]は自らの国家概念を次のように要約している。すなわち「国家の意志、

*16 フーゴー・プロイス（一八六〇～一九二五）はドイツの公法学者で憲法学者。「ワイマール憲法の父」と呼ばれている。プロイスは主権なき国家という理論を提示した。シュミットはプロイスを高く評価しており、プロイスについての論文を発表している。

あるいは国家の統治者の意志は、法の究極の根源ではない。国家とは、民衆生活から生まれた法意識を表明するために設けられた民衆の機関である」（『国法学と現代の国法学理論の根本概念』三一ページ）。統治者の個人的な意志は、有機的な全体としての国家に組み入れられるのである。

ただしギールケにとって法と国家とは「同格の権力」とみなされていた。その相互関係はどのようなものかという根本的な問いに対してギールケは次のように答える。法と国家は、人間の共同生活を構成する独立した二つの要素であって、一方が欠けては他方は考えられない。ただし一方が他方によって存在するわけではないし、また一方が他方より前に存在するものでもない。

革命によって体制が変革された際には、法的な断絶が発生するが、これは法的な連続性の切断である。こうした切断が倫理的に求められて発生することも、歴史的に正当なものとして発生することもあるが、そ

れが法的な断絶であることに変わりはない。ただしこの法的な断絶は治癒することができるものであり、たとえば憲法協定とか国民投票とか、慣れという〈聖なる力〉などによって（同書三五ページ）、あるいは「民衆の法意識を満足させることのできる何らかの法的な措置によって」、後の段階になってからこうした法的な断絶の後に新たな法的な根拠を獲得することができるという。

法や権力が新たに生まれることで、こうしたものがなくては耐えがたく感じられた「緊張状態」が解消される傾向があるという。しかし国家が法と同格であるという認識は、不明確なものになりがちである。というのもギールケによると、国家による立法とは、法に対して国家が

*17　オットー・フォン・ギールケ（一八四一～一九二一）はドイツの法学者で、歴史法学派に属する。法律を言語と同じように民族に共通する「民族精神」の表れと考え、法実証主義を厳しく批判した。国家はさまざまな団体のうちの最上位のものに過ぎないと考える国家団体法論を提唱した。

「究極の形式的な印章」を押印する作業にすぎず、この「国家による押印」はたんに「外的で形式的な価値」をそなえているだけだからだという。これはクラッべが法的な価値のたんなる確定と呼んだ作業であり、法の本質に属するものではない。だからこそギールケは国際法は国家の法ではないものの、やはり法律でありうると考えたのである。このようにギールケによると、国家は法律のたんなる宣告者あるいは布告者の役割を果たすことを迫られるのであって、もはや主権者ではありえない。

実際にプロイスは団体理論を論じながら、主権概念は官憲国家の残り物だとして否定することができたのである。このようにしてプロイスは、団体として下から築き上げられた共同体のうちに、支配権を独占する必要がなく、したがって主権なしで済ませることのできる組織体をみいだすことができたのである。

ヴォルツェンドルフの試み

団体理論の新しい理論家のうちで、ヴォルツェンドルフはこうした理論に依拠して「国家の新しい時代の問題」を解決しようと試みた。ヴォルツェンドルフには多数の著書があり、とくに『ドイツ国際法思想』（一九一九年）、『国際法の欺瞞』（一九一九年）、『国法学の精神』（一九二〇年）、『純粋国家』（一九二〇年）などが注目されるが、ここでの議論にもっとも関係が深いのは、最後の著書『純粋国家』である。

この著書は、国家は法を必要とし、法は国家を必要とするものの、「より深遠な原理である法が、国家を究極的に制約する」という考え方から出発している。国家は本来的な統治権力であるが、国家というものは秩序の力であり、民衆生活の「形式」なのであって、何らかの外的な

力が、恣意的に強制を加えるものではない。このような力は、個人や団体による自由な行為が不可能になる場合に限って干渉することが求められる。いわばこの力は、最後の切り札として背後に控えているべきだというのである。

秩序というものは、経済的な利害とも、社会的な利害とも、文化的な利害とも結びついていてはならない。社会的な利害や文化的な利害は人々の自治に委ねられるべきものだからである。しかしヴォルツェンドルフのこうした要請は、自治のためには一定の「成熟度」が必要であるという問題に直面することになろう。というのも歴史的な現実においては、こうした歴史的で教育的な問題は、議論よりも独裁によって左右されるという予期せぬ事態に直面することが多いからである。

ヴォルツェンドルフの〈純粋国家〉は、秩序維持の機能だけに限定された国家である。ただしこの秩序維持の機能には立法の機能も含まれ

る。あらゆる法は同時に国家の秩序の存立に関与するからである。国家は法を保持すべきである。国家は「番人であって命令者ではない」のである。ただし国家は番人であっても、「盲目的な召使い」ではなく、「責任を負い、究極の決定権を持つ保証者」の役割を果たす。ヴォルツェンドルフは労兵評議会（レーテ）の思想のうちに、国家を「純粋に」国家の果たすべき役割だけに限定しようとする団体自治の傾向の現れをみいだした。

ヴォルツェンドルフは「究極的な決定権を持つ保証者」という表現を採用することによって、団体的な国家観や民主主義的な国家観とは極端に対立する権威主義的な国家理論にきわめて接近しているが、彼はそのことを自覚していなかったように思われる。それだけにヴォルツェンドルフのこの最後の著作は、クラッベなどの団体理論の代表者と比較すると、重要な意味をもつ。これによって議論は決定的な概念に、すなわ

ち実質的な意味での形式の概念にまで進んでくるからである。

すなわち秩序の力それ自体がきわめて高く評価され、「秩序の維持を」保証する機能が独立したものとみなされるために、国家はもはや法的な理念のたんなる確定者ではなくなるし、「外的で形式的な」切り替えスイッチでもなくなる。こうしてあらゆる確定と決定のうちに、法律の論理からみて必然性をそなえた構成要素が、すなわち形式の持つ固有の価値が、どこまで含まれているかが問われるようになるのである。

ヴォルツェンドルフが論じる〈形式〉とは、「社会・心理学的な現象」としての形式であり、歴史的で政治的な生活において作用する要素としての形式である。こうした考え方によって、この要素と相互に作用し合う政治的な力との対比において、国家体制の思想構造を、構造的な予測の固定的な要素として捉えることが可能となる（『公法論叢書』第三四巻、四七七ページ）。すなわちこれによって国家は、生活の一つの形態

という意味での形式となるのである。ヴォルツェンドルフは予測可能な機能を果たす目的に役立つ形態と、たとえばヘルマン・ヘフェレ*18が用いているような美学的な意味での形式を明確には区別していない。

カウフマンの功績

〔現代において重要な問題となるのが、新カント主義の法哲学におけるアプリオリで空虚な可能性としての形式《フォルム》ではなく、実体的な意味での形相《フォルム》であることを明らかにしたのが、エーリッヒ・カウフマンの著書『新カント主義法哲学批判』（一九二一年）の功績である。カウフマンは形式と内容の対立は、たんなる概念的な対立にすぎず、そのため必然的に相対

*18　ヘルマン・ヘフェレ（一八八五〜一九三六）はカトリックの神学者で歴史家。

的なものであって、特定の相対的な認識の目的に役立つにすぎず、どのような要素であっても〈形式〉として理解しうるものであることを強調しているが、これは正しいのである。

新カント派の哲学は、形而上学を目指したカントとは異なり、認識理論であることだけを目指している。そのため新カント派の哲学では、認識論的な理由によって形式と内容を分離しながらも、最近流行している経験的なリアリズムをそのまま容認している。このことは、超越論的な観念論がきわめて卑俗な実証主義と結びつくことができることを示すものであり、その法哲学は無制約性と純粋性を力強く説きながらも、つねにありきたりの経験主義に帰着してしまうのは、とくに注目すべき現象である。カウフマンはこの現象について、新カント主義の法哲学は人間の生《なま》の現実を理解しようとせず、しかも新カント主義の形而上学的な土台であるはずの自然の概念を投げ捨てることができると考えているた

めに生じるものであり、それによって発生する重要な結論をまったく無視していると説明している。カントはまさにこうした形而上学的な土台に依拠して、価値と現実を再び結びつけることができていたのである。

ラーバント学派[*19]の実証主義とその構成主義的な形式主義は、公法の分野においては新カント主義の法哲学のさまざまな傾向と一致したものであり、法律が生み出される源泉であるあらゆる歴史的および社会学的な所与と構成を、法学の領域を超えたものとして法の概念から排除してしまう。そして昔からの合理主義的な偏見に基づいて、実体のない一次元的な単純性を方法論的に、形而上学的で倫理的な価値に満たされたものとして実体化してしまうのである。

*19　パウル・ラーバント（一八三八〜一九一八）はドイツの法学者。法実証主義的で概念法学的な国法学の体系を確立し、ドイツ実証主義公法学派を確立した。日本の明治憲法にも影響を与えている。

このような合理主義は、こうした合理主義に対立する形而上学に対してはは無力であるだけでなく、無精神的な歴史心理学に対しても、経済的な唯物論の歴史哲学に対しても無力なものとならざるをえない。こうした合理主義は現代における形而上学的な関心に応えることもできない。それだけではなく、古い合理主義を偉大な形而上学に作り上げる上で役立った経験的な現実の合理性に対する信仰にも、人間の無限の完成可能性に対する信仰にも、そして歴史における無限の進歩に対する信仰にも、いかなる寄与をすることもできないのである。

カウフマンは、この新カント主義の功利主義を批判する書物の結論部において、形式《フォルム》の問題を考察している。新カント主義の形式主義を批判しながら、形式と内容の概念的な相対性について妥当な議論を展開した後に(同書三七ページ)、合理主義的で形而上学的な性格をもたない新カント主義の認識論によっては、氾濫するように溢れる生を抑えるこ

とも、混沌に秩序をもたらすこともできないのであり、ここには大きな危険が存在すると結論している。というのも、「わたしたちは生きるためには形式を必要としているからである。生を可能にするのは生命をもった形式だけであり、これだけが生の宿命である死を共有することができるのである。ところが合理的な思考だけから生まれた抽象的な形式は固く硬直したままであり、もともと死んでいるものであるから、死ぬということができないのである」。

カウフマンの非合理主義

この結論は形式主義とニヒリズムの間の〈黄金の中道〉と言うべきものであろうか。それとも生と死の昔ながらの対比、有機物と機械的なものとの昔ながらの対比を繰り返したものにすぎないのであろうか。これま

でのところカウフマンは、彼の生の哲学と、非合理主義的な哲学についていかなる説明も行っていない。この著作は基本的に批判的な性格のものので、アフォリズム的に叙述を続けるだけであり、多くの文章は著作を圧縮したような印象を与える。それでも法学者が刊行した著作としては、新しい精神性と現実の探求に向けた強力な表現を示した稀な著作である。

マックス・ウェーバーはカウフマンと比較すると合理主義者であるが、合理主義者としてはきわめて内容に富んでいる。ウェーバーはしばらく前にシュタムラー*20の著作の空虚で自明な内容に憤懣を抑えがたかったものである。ところがカウフマンはこれとはまったく異なる精神的な傾向に基づいて、国家という重要なテーマに取り組んだ法学者なのである。

新カント主義の法哲学は法については詳しく論じるものの、国家について論じることは避けている。主権の問題に体系的に取り組んだ法学

者としては、最近ではケルゼンがいるだけであるが、ケルゼンもまた国家と法は同じものであって、国家とはすなわち法秩序であると主張していたのである。

いずれにせよカウフマンの著作は、主権については他の論者の議論を批判するだけであり、自らの理論を提示していない。しかしカウフマンは生の哲学に与《くみ》するのであるから、新カント主義の法哲学が実定法を議論の中心に据えるのと同じように、実在としての国家を議論の中心に据えるべきである。ただ最近のいわゆる方法論的な議論においては、考察するテーマを単純に機械的に二分割して考察するのが流行していることを考えると、エーリッヒ・カウフマンの国家論についても、こうした国家論は社会学の領域のものであって、法学の基本的な性格を弁《わきま》えてい

*20　ルドルフ・シュタムラー（一八五六～一九三八）は　ドイツの法学者。新カント派哲学と唯物論を総合した法哲学を樹立した。主著は『法と経済』など。

ないと片づけられてしまいかねないことが懸念される。

ところがこれまでの著作から考えてみれば、カウフマンは社会学者というよりも本質的に歴史哲学者なのである。その著作『国際法の本質と事情変更の原則』においてカウフマンは国家を、歴史的な生命に満ち溢れた永遠の生成過程にあるものとして描いている。ただしこの書物にも合理主義的な傾向はみられる。たとえばカウフマンは「法的な強制を加えるための究極の根拠は、そうした強制を加える共同体が正しい目的を追求していることにある」（同書一四五ページ）と述べているのであるが、強制を加える根拠と、その内容の正当性についての問いは、合理主義的な性格のものである。現実の共同体においては、強制の目的がどのようなものであり、強制の内容がどのようなものであるか、そうした強制を加えるのは誰であるかについて問わなければならないのである。

カウフマンのこの書物によると、国家という共同体の価値は、すべ

ての個人の力を結集すること、そしてこれらの個人を人間の文化的な生活の全体像へとまとめあげることにあり、それによってこれらを「世界史の進み行きのうちに織り込む」ことにあるとされている。これは非合理主義的な歴史哲学とは呼べないものである。この書物『国際法の本質と事情変更の原則』にはヘーゲル主義的な合理主義の余韻が残っているのであり、歴史というものに恐れを示さないきわめて大胆な合理主義が語られている。

これに対してカウフマンの『新カント主義法哲学批判』や最近の著作である『調査委員会と国家裁判所』(ベルリン、一九二〇年)、そして巨匠としての力を発揮した小論「ライヒとプロイセンの政府構成」(ヴェストマルク、一九二一年第三号)では、論争的な文脈においてではあっても、断固とした非合理主義的な見解が示されているのである。

ただしカウフマンの非合理主義は、ジョルジュ・ソレル[*21]の非合理主

義ほど極端なものではない。ソレルの非合理主義においては政治や国家論などというものは、非合理的な現実の大海に漂う象徴や旗のようなものに過ぎないのであって、現実とは関わりのないものとされているのである。それによると真の形式は素材に内在した法則から読み取らなければならないとされている。「法的な合理化などに惑わされて、非合理的なものの実態をゆがめてはならない」とつねに警告されているのである。

カウフマンの議論における論理構造と政治観と哲学的な確信、さらに利用する素材などは、すべて観点からみて、ヴォルツェンドルフとは正反対である。ところがこの二人とも、ギールケのゲノッセンシャフト*22論を出発点としているのである。ということはこうしたゲノッセンシャフト論は、特定の政治的あるいは法的な結論を導くものではなく、まったく対照的な形而上学と結びつくことができるということである。ヴォ

ルツェンドルフはあくまでも人道主義的であって、進歩というものを信奉している。ゲノッセンシャフトについての議論にも関わらず、ヴォルツェンドルフは一八世紀の人々によくみられるものの見方をしているのである。これを何よりも明らかに示しているのが、コンドルセ[*23]を賛美し

＊21　ジョルジュ・ソレル（一八四七～一九五二）はフランスの社会哲学者。マルクスやプルードンの影響を受け、『暴力論』を刊行。革命的サンディカリスムの理論家として有名になった。

＊22　ゲノッセンシャフトはギールケが提案した概念で協同組合と訳されることが多い。テンニエスは著書『ゲマインシャフトとゲゼルシャフト』において、ゲマインシャフトとゲゼルシャフトの二つの概念を対比して考えた。ゲマインシャフトは「生きた有機体」であって、家族や共同体など、個人の意志に関係なく個人を含む団体である。これに対してゲゼルシャフトは「機械的な集合体・人工物」（テンニエス『ゲマインシャフトとゲゼルシャフト』杉之原寿一訳、岩波文庫、上巻、三七ページ）であって、個人が自らの意思によって設立した団体であり、株式会社や組合などがこれに含まれる。ギールケは「ドイツ団体法論」において、こうした対立的な二つの性格の団体を媒介するものとして、社会において人為的に形成された共同体を示す「ゲノッセンシャフト」という概念を提案した。職人組合や協同組合などが考えられており、こうした団体においては成員たちのそれぞれが平等な地位を占めると考えたのである。

＊23　コンドルセ（一七四三～一七九四）はフランスの哲学者。主著『人間精神進歩史』は人類の進歩に対する楽観的な歴史観を示した書物である。

ていることである。

　ヴォルツェンドルフの言葉はしばしば矛盾を含み、文体がスケッチ風なところもあるものの、現実の生活について首尾一貫した哲学というものには、こうしたところがあっても不思議なことではない。文章がぎこちなくスケッチ風なものであったとしても、生命力に満ちた力を発揮することができることもある。だからヴォルツェンドルフとカウフマンを比較したところで、カウフマンに異議はないであろう。この二人を比較してみると、相違点の多さにも関わらず、二人とも「形式」を要求することで一致していることが注目される。ギールケであれば国家活動は「たんに外的で形式的な」ものにすぎないと語るかもしれない。ヴォルツェンドルフによると国家の価値というものはまさに形式であることにある。形式を持たず構成が変化した素材に、国家は形式を与えることによって価値を作り出すのである。そしてカウフマンもその新カント主義

の法哲学批判の書物を締めくくるために、「生きた形式」を要求しているのである。」

法の理念と形式の概念

形式という概念は哲学の領域においてはなはだしく混乱しているものであるが、社会学と法律学の領域においては、こうした混乱がとくに有害なものとなっている。法の形式、技術的な形式、美学的な形式、さらに超越論的な哲学における形式など、さまざまな形式の概念は本質的に異なったことを意味している。

　マックス・ウェーバーの法社会学では、形式について三つの概念を区別している。ウェーバーはまず、法的な内容を概念的に確定したものがその法的な形式であると語っている。これをウェーバーは規範的な規

制と呼んでいるが、それは「了解行動の因果的な構成要素」としての形式にすぎない。第二にウェーバーが対象領域の分類において形式という概念を使う場合には、形式的であるということは、合理化されているとか、専門的訓練を経ているとか、予測可能であるという意味でもある。ウェーバーによると、形式的に発達した法とは、決定を下す際に意識的に採用された原則の複合体であって、そのためには社会学的には、訓練された法律の専門家や、法の実際の行使者である役人などの協力が必要になる。交渉の必要性が増大するとともに、専門的な訓練、すなわち(!)合理的な訓練が必要不可欠となり、そこから法を現代的に合理化して特殊な法律学的なものとすることが必要とされ、法の持つ「形式的な特性」を開発することが必要となるのである(『法社会学』第二巻第一章)。

このようにしてみると形式という語の第一の意味は、法律学的な認

識の超越論的な「条件」としての形式であり、第二の意味は訓練が反復され、専門的な考察が行われたことによって生まれる規則性である。この規則性には均質性と予測可能性がそなわっているために、第三の意味である「合理主義的な」形式が生まれる。この形式は、技術的な洗練を目指したものであり、予測可能性と、円滑な機能の発揮という理念を目指して進む。このような合理的な形式化は専門的な知識の必要性と、法律的な教養をそなえた官僚たちの利害関係から生まれてくる。

ここでは新カント派の形式の概念について立ち入って考察する必要はないだろう。ところで技術的な形式とは、合目的性の観点から必要とされた精密化を意味するものであり、組織化された国家装置に適用されるものではあっても、「法の形式」には関わらない。たとえば軍隊の命令は明確であるという意味では技術的な理想にかなったものではあるが、法律の理念にはふさわしくない。こうした命令は審美的な観点から

は評価することができるし、おそらく儀式的なものにもなりうるだろうが、そうなってもその技術的な性格にはいささかの変化も生じない。

熟慮と行動というのは、きわめて古いアリストテレス的な対比の概念であるが[*24]、これは二つの異なった種類の形式の概念から生まれたものである。熟慮は法の形式に適合しうるものであるが、行動は技術的な形式化にしか適合することができない。法の形式を支配するのは法の理念であり、法の思想を具体的な事例に適用する必要性である。すなわちもっとも広義に考えた法の実現の必要性によって、法の形式が定められるのである。

法の理念そのものは、こうした理念だけでは実現されることができないのであり、理念が現実のものとなるためにはつねに特殊な形態化と形式化を必要とする。これは一般的な法思想を実定的な法律として形式化する場合にも、あるいは司法当局や行政当局が一般的で実定的な法規

範を適用する場合にもあてはまる。法の形式の特殊性を検討する際には、まずここから出発すべきである。

今日の国家論においては、新カント主義の形式主義は排斥されているのに、同時にまったく別の側面から形式化が要請されているのである。これは何を意味するのだろうか。哲学の歴史をこれほど単調なものとしてきた絶え間ない概念のすり替えによるものであろうか。いずれにせよ現代の国家論における形式の追求においては、形式というものが主観的なものから客観的なものに置き換えられようとしていることだけは見逃してはならない。ラスク[*25]のカテゴリー論の形式概念は相変わらず主

*24　これは省察（フロネーシス）と行為（プラクシス）を対比させたアリストテレスの基本的な考え方について語ったものである。

*25　エミール・ラスク（一八七五〜一九一五）はドイツの哲学者で、新カント主義に属する。ラスクのカテゴリー論については、初期のハイデガーが高く評価している。

観的なものであるが、これは認識批判を目指す立場からはどうしても避けられないものである。

一方でケルゼンはひとたびはこのようにして批判的に獲得された主観的な形式概念から出発し、法秩序の統一性を、法律学的な認識の自由な行為として把握している。それでいて、ある世界観を表明する際になると客観性を要求するのであり、これは自己矛盾であろう。ましてやヘーゲルの団体主義について、国家を主観主義的に把握するものだと非難しているが、これはまったくの自己矛盾であろう。ケルゼンは客観主義を標榜しているものの、この客観主義というものも、たんにあらゆる人格的な要素を回避し、法の秩序を、非人格的な規範の持つ非人格的な有効性に還元するということにほかならないのである。

さまざまな主権概念の問題点

このようにクラッベ、プロイス、ケルゼンなどの主権概念についてのさまざまな理論は客観性を要求しているのであるが、これらの理論はどれも国家概念からあらゆる人格的なものを排除すべきだと主張するという共通点をそなえている。これらの理論においては人格と命令が明らかな共通性をそなえたものとして考えられている。ケルゼンによると、人格的な命令権という概念こそが、国家主権についてのさまざまな理論の根本的な誤謬なのだという。そしてケルゼンは国家的な法秩序の優位を主張する理論を「主観主義的な」理論と呼び、これは客観的に妥当する規範ではなく命令を重視する主観主義に依拠しているものであって、法理念を否定するものであると断定するのである。

またクラッペは人格と非人格という対置を、具体と一般の対置ならびに個別と普遍の対置と結びつけた上で、それをさらに管轄当局と法規の対置や、権威と内容的な正当性の対置にまで推し進める。さらに彼の一般的な哲学的表現によって、これを人格と理念との対置にまで敷衍するのである。このような形で人格的な命令を、抽象的な規範の客観的な有効性と対置しようとする試みは、法治国家の伝統を受け継ぐものである。

一九世紀の法哲学においてこのことをきわめて明瞭かつ興味深い形で敷衍してみせたのが、たとえばアーレンス*26であった。だからプロイスやクラッペにとっては人格的な表象とはすべて、絶対君主の時代からの歴史的な遺物にみえるのである。〔エリッヒ・カウフマンは前掲の著作において、「形式的な権威」を批判した後に、こうしたカント的な観念は、絶対主義的な権力国家の法概念から生まれたものであると指摘して

いる（前掲書五四ページ）。」しかしこれらの批判的な議論が見逃しているのは人格の表象と形式的な権威、ならびにそれらの関連という考え方が、優れて法律学的な関心から生まれたものだということ、そして法的な決定の本質を構成するものについてとくに明確に意識することから生まれたものだということである。

決定の価値について

このように法的なものについて理解するにはもっとも広い意味で考えられた決定というものは不可欠な要素となる。法的な思想というものは、純粋な形で現実化されることのありえない法の理念を、それとは別の凝

＊26　ハインリヒ・アーレンス（一八〇八～一八七四）はドイツの自然法学者。人間の「人格」の自由の発展を目的とみなし、この見地から法と道徳の一体性を主張した。

集した状態に移し替えて、それに別の要素を加えるものだからである。このようにして加えられる要素は法理念の内容から引き出すことはできないし、実際に適用される一般的で実定的な法規範の内容からも引き出すことができない。具体的な法律学的な決定にはつねに、その内容には関わることのない要素が含まれているのである。というのは法律学的な結論は、その前提から完全に導き出せるものではないし、また決定を下さなければならないという状況は、法そのものとは独立した決定的な要因だからである。

ここで問題となるのはこうした決定がどのような因果的なプロセスで成立するか、どのような心理的なプロセスで成立するかではない。こうしたプロセスにおいて、抽象的な決定それ自体は重要な意味を持つものであるが、重要なのはむしろ法的な価値が決定されるという事実そのものなのである。社会学的な観点からみると、決定というものをどのよ

うに規定できるかということに対する関心が高まるのは、交換経済がさかんに行われる時代である。というのも多数の実例が示しているように、交換においては特定の種類の内容よりも、むしろ予測可能な確定性に関心が向けられるからである。具体的な実例で考えれば、「旅行する際に」わたしにとって重要なのは、列車の時刻表において列車の出発時刻や到着時刻がどのように定められているかということよりも、それが信頼できる形で機能していて、わたしが自分の行動を決定する際にそれに依拠しうるかどうかということである。

法的な取引においては、このような関心を示す実例としては、手形法のいわゆる「手形の形式的な厳密さ」をあげることができる。このような予測可能性と、決定そのものに対する法的な関心を混同してはならない。決定についてのこうした法的な関心は、規範的なものの特殊な性格によって生まれるものであり、そこからは具体的な事実は具体的に判

断しなければならないという結論が引き出される。たとえ判断の基準としては、法的な原理が普遍的で一般的な形で存在するにすぎないとしてもである。このようにして決定を下すたびに何らかの変形が生まれるのである。ただし法の理念それ自体には変形が生じることはありえないのであり、そのことはこうした法の理念を誰が適用すべきであるかについて、法の理念においては何も述べられていないことからも明らかである。このような変形が行われる際には、何らかの権威が介在している。法の規定の性格からだけでは、いかなる個人が、あるいはいかなる具体的な機関が、このような介入する権利を主張できるのかを決定する規定について判断できない。ところでクラッベはこの難点を一貫して無視しているのである。

　決定を下す際に、そうした決定を下す権限を持つ当局が存在していたという事実が、決定内容の正しさからその決定を相対的に独立したも

のとしてしまうのであり、ときにはそれを絶対的に独立したものとすることがある。そのため決定を下した後に、決定の内容に疑問があるのではないかという議論が行えなくなってしまうのである。このようにして決定はすぐに議論から独立したものとなり、独立した価値を持つようになる。このことが理論的にあるいは実際的にどのような意味をそなえているかは、誤った国家行為についての理論において明らかになる。誤った決定は、それが正しいものではなかったということによって、本質を規定する性格をそなえているのである。

他方で決定の理念には、絶対的な宣言となるような決定というものはそもそもありえないという考え方が含まれている。決定を支えた規範の内容という観点からみると、あらゆる決定に含まれる根本的で特殊な決定契機は、新しいものであり、異質なものである。規範という観点からみると決定は無から生じるのである。そして決定の法的な効力は、そ

の決定の根拠づけの結果とは別のものである。

決定を下す際に規範を援用することが試みられているのではない。その反対に何が規範であり、何が規範的な正当性であるかということそのものが、帰属点によって決まるのである。規範から帰属点が導かれることはなく、たんに内容の性質が導き出されるだけである。優れて法的な意味での形式性は、この内容の性質と対置されるのであって、因果連関の量的な内容と対置されるのではない。法律学にとってはこの因果連関の量的な内容が問題になることはないのであり、そのことはもともと自明なことである。

決定を下す権限

このように法の形式が特殊な固有性を持つことは、純粋に法律学的な性

格において認識すべきである。ここでは決定のもつ法的な効力の哲学的な意味について考察することも、メルクル[*27]のように（『公法学叢書』、一九一七年、一九ページ）、法には時空を超えた不動の「永遠性」が存在するというような思弁的な考察を展開することも控えておこう。メルクルは「法の形式が発展することはありえない。発展とは同一性の放棄を意味するからである」と主張しているが、これはメルクルが形式について粗雑な量的な観念を抱いていることをあらわにするものである。このような形式の概念によっては、人格的な要素がどのような形で法の理論と国家の理論に導入されうるのかを、説明できないのである。昔からの法治国家的な伝統では、普遍的な法規だけが基準として使えるものであることを前提としてきたが、メルクルのこうした考えはこうした伝統に対応す

＊27　アドルフ・ユリウス・メルクル（一八九〇〜一九七〇）はオーストリアの公法学者。ケルゼンの弟子として、オーストリアの法理論学派の重要な代表者となった。

るものにすぎない。

　これについてロックは、「法（ロー）が権威を与える」と語っているが、その際に法律（ゲゼッツ）という言葉を意識的に、君主の個人的な命令（コミッシオ）の概念と対比して使っているのである。[*28] ただしロックが見逃したのは、法は誰に権威を与えるのかについては述べていないということである。もちろん誰でもどの法規でも任意に執行し、実現することなどはできないが、法的な規範としての法規は、それがいかに決定されるべきかについては述べているが、誰が決定を下すべきかについては触れていないのである。もしも決定を下す最後の審級が存在しなければ、誰でも決定の内容の正統性を主張できることになるだろう。決定規範においては、決定を下すべき最後の審級については述べられていないのである。だから問題となるのは誰が権限を持っているかであり、これは法規の法的な内容からは問うことのできる問題ではないし、まし

てや答えることのできる問題ではない。誰が権限を持っているかと問われた時に、資料を参照して欲しいと答えるのは、相手を愚弄することになる。

法学の二つの類型

法学にはおそらく二種類のものがあり、これは法的な決定の規範的な特

＊28　ロックは『統治二論』の後編「政治的統治について」の第一八章「暴政について」において、国王に権威がない場合には、国王の命令も無効であることを指摘しながら、法なしには権威もありえないことを主張している。ロックは次のように語っている。「いかなる為政者の委任や命令も、彼が権威を持たない場合には、私人の委任や命令と同じであって、無効であり無意味なのである。両者の違いは、為政者が一定の範囲で、一定の目的のための権威をもつのに対して、私人はそれをまったくもたない点にある。行動する権利を与えるのは委任ではなく権威であり、しかも法に反する限り、いかなる権威もありえないからである」（加藤節訳、岩波文庫、五四三ページ）。シュミットはこれを敷衍して「法が権威を与える」と語っているのである。シュミットは『独裁』においても同じような文脈で語っている。『独裁』田中浩・原田武夫訳、未来社、五四ページ参照。

殊性を、学問的にどの程度まで意識しているかによって分類される。第一の種類の法学は（あえて造語に頼るとすれば）決断主義的な法学であり、その古典的な代表者はホッブズである。「真理ではなく、権威が法を作る」（『リヴァイアサン』第一九章）と述べて、*[29]この対比の古典的な形式化を行ったのがホッブズなのである。この表現からしてホッブズが第二の種類の「規範主義的な」法学者でなかったことは明らかである。権威と真理という対比は、多数ではなく権威をというシュタール*[30]の対比よりも根源的で、明確なものである。

ホッブズはさらに、決断主義と人格主義の関係にも言及しており、具体的な国家主権の代わりに抽象的に通用する秩序を重視しようとするすべての試みを否定する決定的な論点を提示している。国家権力よりも宗教的な権力の方が高次の権力であるから、国家権力は宗教的な権力に従属すべきであるという要請については、その根拠づけについて次のよ

うに指摘している。すなわちある種類の権力が他の種類の権力に従属すべきであるとすれば、それはたんにある種類の権力の保持者が他の種類の権力の保持者に従属すべきであるということを意味しているにすぎないと。

上位の秩序と下位の秩序について語りながら、同時に抽象的な立場を維持しようとすることは、ホッブズにとっては理解できないことだという。「なぜなら従属とか命令とか権利とか権力などというものは、人格の持つ属性であって権力の属性ではないからである」(『リヴァイアサン』第四二章)。ホッブズはこれを比喩によって説明するが、いつもの

＊29　シュミットはこの引用をラテン語で Autoritas, non veritas facit legem と書いている。英語版の『リヴァイアサン』の一九章には該当する文はなく、第二六章でほぼ同内容のことが語られている。ただしラテン語版の『リヴァイアサン』にこの文が出ているという。

＊30　フリードリ・ユリウス・シュタール（一八〇二〜一八六一）ドイツの政治哲学者。プロシア保守主義の代表的な思想家で、主著としては『法哲学』と『君主制原理』などがある。

ごとくホッブズは常識人らしい誤りのない冷静さで、きわめて的確な比喩を使ってみせる。すなわちある権力または秩序が他の権力または秩序の下位に立つということは、たとえば馬の鞍を作る技術が乗馬の技術よりも下位に置かれるということにほかならない。このような抽象的な秩序の段階が定められたからといって、個々の鞍作りの職人が、すべての乗馬者に従属するとか、服従する義務を負うなどとは誰も考えないだろう。ホッブズは、このことこそが重要なのであると考える。

一七世紀の抽象的な自然科学の考え方をもっとも一貫した形で代表しているホッブズが、これほどまでに人格主義的な立場をとっていることは注目に値する。しかしこのことはホッブズが哲学者として、さらに自然科学的な思想家として、自然界の現実のあり方をとらえようと心掛けていたのと同じように、法律学的な思想家としては、社会生活の実際の現実を捉えようとしていたのだと考えれば説明がつく。ただしホッブ

ズは、自然科学的な現実とは異なった法律学的な現実や具体性というものが存在することそのものについては自覚していなかった。さらにここでは数学的な相対主義や唯名論も影響を及ぼしあっているようである。

ホッブズは国家という単一体を、任意に与えられたどのような点からでも構成できると考えていたようである。ただし当時にあっては法律学的な思考はまだ自然科学的思考によっては圧倒されていなかったので、ホッブズの科学的な思考の強さにもかかわらず、法的形式のうちにある法的な生活に独特の実在をそのままで見過ごしてしまうようなことはできなかった。ホッブズが求めた形式は、特定の審級によって出された具体的な決定のうちにそなわっているものであった。決定が独立した意味をそなえている場合には、決定の内容とは別に、決定を行った主体にも独立した意味が与えられる。

法生活の現実にとって重要なのは、誰が決定を下すかということで

ある。決定の内容の正しさを問題とするだけではなく、誰に決定を下す権利があるかを問題とする必要がある。このような決定の主体と内容との対比、そして決定の主体にそなわる固有の意味という問題にこそ、法律学の形式の問題があるのである。法律学的な形式は、法律学的な具体性から生まれるものであるから、超越論的な形式の持つアプリオリな空虚さをそなえていない。さらに法律学的な形式は、技術的な明確化の形式とも異なる。技術的な明確化の形式は本質的に物質的で、非人格的な目的関心をそなえたものだからである。さらに法律学的な形式は、決断とは無縁な審美的な構成の形式でもない。

政治神学

Politische Theologie

3

国家論と神学の理論の関係

現代の国家論の重要な概念は、すべて世俗化された神学概念である。その理由の一つは、全能な神から万能の立法者が生まれたように、さまざまな概念が神学から国家理論に導入されたという歴史的な発展の経緯にある。ただしそれだけではなく体系的な構成の理由からもそう言えるのであり、これらの概念を社会学的に考察するためには、こうした体系的

な構成についても認識する必要がある。

たとえば法律学にとっては例外状況という概念は、神学における〈奇跡〉の概念と同じような意味をそなえている。このような類似関係を意識しなければ、過去数百年の国家哲学におけるさまざまな理念の発展について認識することはできない。というのも現代の法治国家の理念は、理神論を前提として確立されてきたからである。この理神論という神学的で形而上学的な理論は、奇跡を世界から追放しようとし、奇跡の概念に含まれている自然法則の中断の可能性を拒否する理論であった。この理論は現行の法秩序に対する主権の直接介入を拒否するのと同じように、神の直接介入によって、例外が発生することを拒否するものであった。

啓蒙思想の合理主義は、いかなる形のものであれ、例外的な事例というものを否定した。だからこそ反革命の保守的な理論家たちは人格神

論的な確信を持ちながら、人格神論的な神学との類推によって、君主の人格的な主権をイデオロギー的に支えようと試みることができたのである。

わたしは以前からこうした類推が持つ根本的で体系的な意味あるいは方法論的な意味について指摘してきた（『国家の価値と個人の意味』一九一四年、『政治的ロマン主義』一九一九年、『独裁』一九二一年）。ただし奇跡の概念が持つ意味を詳細に検討するのは、別の機会を待ちたい。ここで問題としたいのは法律学的な概念を社会学的に考察する際に、こうした概念の意味をどの程度まで検討する必要があるかということである。

このような類推についてもっとも興味深い政治的な評価を行った人々は、ボナール[*31]、ド・メーストル[*32]、ドノソ・コルテス[*33]などの反革命のカトリック系の国家哲学者たちである。すぐに分かるようにこれらの哲

学者たちが問題としたのは、概念的に明確で体系的な類推であって、神秘主義的な戯れや、自然哲学的な戯れなどではなく、ましてやロマン主義的な戯れなどではない。ロマン主義というものは、国家や社会についても、他のすべての事柄と同じように多彩な象徴や比喩を作り出すものなのである。〔ドイツの法学者のうちでは、ある時代のすべての精神的な表現の背後にこのような神学と法学の同一性が存在していることを洞察し、それによって法学の問題に普遍的な関連性をみいだすことができたのは、エーリッヒ・アイヒマンだけだったろう。〕

しかしこの類推についてもっとも明晰で哲学的な表現を行ったのはライプニッツであり、その『法学を学習し教授する新方法』の第四節と第五節にみられる。*34 ライプニッツは法律を医学や数学との類比で考えることを拒んで、法律学は神学と体系的に親近性があることを強調した。「わたしたちの分類に基づいて、神学の分野から法学の分野へと実例の

証明を進めることにする。これらの二つの分野の類似性は驚くほどのものだからである」と語っているのである。この二つの分野はどちらも二重の原理をそなえている。理性の原理によって自然神学が存在し、自然法が存在するだけではなく、書物の原理によって実定的な啓示が存在

*31　ルイ・ガブリエル・ド・ボナール（一七五四～一八四〇）はフランスのカトリックの政治家で政治哲学者。フランス革命の後にドイツに亡命し、君主制を擁護しながら、ブルボン家の復帰を予言する書物『政治権力と宗教権利の理論』を刊行した。

*32　ジョゼフ・ド・メーストル（一七五三～一八二一）はフランスのカトリックの思想家。フランス革命の後はスイスに亡命し、『フランスについての考察』など、反革命の多くの思想書を刊行した。徹底した反合理主義者で、ルソーやヴォルテールと思想的に対立した。

*33　フアン・ドノソ・コルテス（一八〇九～一八五三）はスペインの貴族で保守主義者。ボナールやド・メーストルの影響でカトリシズムを信奉し、保守主義者となった。

*34　ライプニッツはこの書物の第四節において「さてわれわれが自らの行う区分の模範を神学から法学へ移すのは正当である。なぜなら両学科の類似は驚くほどだからである。実際、両者はどちらも二重の原理を持つ」と語っており、さらに第五節では「法学において、神学におけるのと同じことが起きるのは驚くに当たらない。なぜなら神学は普遍的に企てられた法学の一種だからである」と語っている。邦訳は『ライプニッツ著作集　第II期　第2巻　法学・神学・歴史学』工作舎、一五～一六ページ。

し、法則を定めた書物が存在するのである。

アドルフ・メンツェル*35は論文「自然法と社会学」(ウィーン、一九一二年)で次のように述べている。すなわち一七世紀と一八世紀の自然法が果たした機能は、正義を要求し、歴史哲学的な理論や理念を表現することにあったが、今日ではこの機能を社会学が引き受けているというのである。メンツェルは社会学という学問は、実定化された法律学と比較すると、まだ実定化される必要があるという意味で劣った学問であるとみているようである。そして従来の社会学的な体系はどれも、「政治的な傾向に学問的な装いを与える」ことを目指すにすぎないと考えているようである。

しかし実定化されたとされている法学の分野における国法学の文献を、その究極の概念や論拠にまで遡って検討してみれば、国家がいたるところで介入していることに気づくはずである。すなわちあるところで

は、法律学的な認識という自由な行為によっては、一般的に納得できる解決策がえられない場合に、国家がそうした問題を実定的な立法者という役割によって、機械仕掛けの神（デウス・エクス・マキーナ）の立場から議論に決着をつけている。またあるところでは恩赦や特赦のような慈悲深い行為を行う存在として、国家は自らが法律に対して優位を備えていることを証明しようとしたりする。あるいは立法者として、行政の執行者として、警察として、恩赦を与える権利のある者として、人々に庇護を与えるものとして「国家という」同一の正体不明のものが登場するのである。そこで一定の距離を置いて、今日の法律学の全体像を把握しようとしている観察者には、国家がさまざまに変装しながらいつも同じ見えざる人物として一大活劇を演じているのがみえてくる。国法学の

＊35　アドルフ・メンツェル（一八五七～一九三八）はオーストリアの法学者。『自然法と社会学』（一九一二年）などの著書で知られる。

どの教科書にも、現代の立法者は「万能」であると語られているが、この言葉は神学から借りてきたものである。そしてそれだけでなく議論の隅々にも神学の名残が潜んでいるのである。

神学用語の果たす役割

神学的な用語が使われるのは多くの場合、反駁する意図のためである。実証主義が流行する時代においては、学問的に批判を加える相手に対して、相手のやり方が神学的なものであるとか形而上学的なものであると非難するのは、よくみられる手口である。こうした非難がたんなる誹謗中傷にすぎないものでないとすれば、このように神学的および形而上学的に脱線しようとする傾向がそもそもどこから生まれたのかという疑問が生まれるのはごく自然なことであろう。こうした逸脱が、歴史的にみ

て、人格神論的な文脈で国王を神と同じようなものと考える君主国家の国家理論の名残として説明することができるものなのか、それとも何らかの体系的あるいは方法論的な必然性が、そうした逸脱の背後にあるのではないかということを研究する必要があったはずである。たしかに法律学者のうちには、矛盾する議論や異論を思想的に克服する能力に欠けている場合、いわば思想的な短絡によって国家を持ち出す者もいた。これは一部の形而上学者が、同じような理由から神の名を持ち出して乱用するのと同じである。しかしこれでは実質的な問題にはまったく答えていない。この問題についてはこれまではたんに付随的な示唆を与えるだけで満足されてきたのである。〔たとえばラーバントの国家論は、国家の概念を持ち出すことで難問を解決しようとするものだと非難されたが、こうした非難はエーリッヒ・アイヒマンがラーバント派の理論に形而上学的な基礎が欠如していると批判したことと矛盾するのである。〕

ヘーネル[*36]は形式的および実質的な意味における法律についての著書の一五〇ページにおいて、これまでと同じような異議の唱え方をしている。すなわち国家の意志は統一性と計画性をそなえたものでなければならないという理由で、国家のすべての機能をただ一つの機関のうちに統合することを求めるのは形而上学であると批判したのである（ただしヘーネルはこの不可欠な同一性と計画性がどのようなものであるかについてはまったく考察していない）。またプロイスは『ラーバントのための記念論文集』（一九〇八年、第二巻、二三六ページ）において同じように、論敵が神学と形而上学に陥っていると非難することによって、みずから主張する団体論的な国家概念を防衛しようとしている。

プロイスによると、ラーバントとイェリネクの国家論の主権概念と「国家統治権独占説」は、国家を抽象的な擬似団体とし、「独自な存在」に仕立て上げることによって、こうした「神秘的な創作」の力で国家権

力が支配を独占することを基礎づけようとするものだという。これはプロイスによると神の恩寵の概念を法律学的に変装させたものであって、マウレンブレッヒャー[*37]の主張を再現しながら、ただその宗教的な虚構を法律学的な虚構によって置き換えたものにすぎないという。

このように異論を唱える学者が論争の相手を、その神学的な思考によって批判するかと思えば、ベルナツィク[*38]は法律学的な人格の概念についての批判的な考察（『公法論集』第五巻、一八九〇年、二一〇、二二五、二四四ページ）において、国家有機体論の論者に逆に異議を唱え、シュ

*36　アルベルト・ヘーネル（一八三三〜一九一八）はドイツの法学者。ドイツ進歩党の指導者の一人で、国家を社団的な結合の一種とみなした。
*37　ヴィルヘルム・マウレンブレッヒャー（一八三八〜一八九二）はドイツの歴史家で、とくに宗教改革とカトリックの歴史についての著作を刊行している。
*38　エドムント・ベルナツィク（一八五四〜一九一九）はオーストリアの法学者で、憲法と行政法の分野を専門とした。

タイン、シュルツェ、ギールケならびにプロイスの見解を嘲笑しながら批判することによって葬り去ろうとする。すなわち集合的な人格を構成するそれぞれの器官もまた一つの人格であるとするならば、官庁も裁判所などもすべて法的な人格となるだけでなく、国家もこうした法的な人格となることになる。「これに比べれば［キリスト教の］三位一体の議論を理解しようとするのは、きわめてたやすいことだろう」というわけである。

また集団的な所有を法律的な人格とみなそうとするシュトッペ*[39]の理論についてもベルナツィクは、「こうした理論もまた三位一体の教義を思い出させる」ものであり、理解しえないと、あっさり片づけてしまう。もちろん彼自身も「権利能力の概念のうちにはすでに法秩序が、そしてその根源である国家の法秩序が含まれているのであり、この国家の法秩序は自らをすべての権利の主体として、すなわち法的な人格として

措定しなければならない」ことを認めているのである。このような「自らを措定する」という営みは、彼にとってはきわめて単純で明白なものであるため、これと異なる見解については「たんなる珍説」として片づけられてしまうのである。そして権利能力の源泉である法秩序が、とくに国家の法秩序が自らを措定するという彼の理論が、人格の根拠は人格だけであるというシュタールの理論よりも、なぜ高い論理的な必然性をそなえているると主張しうるのかという根拠については、まったく問われることもないのである。

*39　ヨハン・エルンスト・オットー・シュトッベ（一八三一～一八八七）はドイツの法学者。歴史法学者の一人として、とくにドイツ私法の歴史を研究した。

主権概念の重要性

ケルゼンの功績は、一九二〇年からずっと、重点の置き方は異なるものの、神学と法学の方法論的な近さを指摘してきたことにある。社会学的および法学的な国家概念に関する最後の著作において、ケルゼンは神学と法学の類比について混乱した議論を持ち出しているが、理念の歴史についての深い洞察を行うならば、ここにケルゼンの認識論の出発点と、世界観的および民主主義的な結論とのあいだには、内的な異質性が存在していたことが分かる。というのもケルゼンは国家と法秩序を法治国家という形で同一視するのであるが、その背後には自然法則と規範的な法則を同一のものと考える形而上学が控えているからである。この形而上学は自然科学的な思考によって生まれたものであり、あらゆる「恣意」

を排除することによって、人間精神の領域からすべての例外的なものを取り除こうとするものである。

神学と法律学の類比を指摘するこれまでの思想家において、こうした類比的な関係を最も強く確信していたのはJ・S・ミルであろう。ミルもまた客観性を重視し、恣意的な扱いを恐れるために、あらゆる種類の法則は例外なく妥当することを強調した。しかしケルゼンと違ってミルは、任意のあらゆる実定的な法的な規定の集まりの中から、自由な法律学的な認識によって、秩序のある体系を取り出すことができるとは考えなかったようである。というのもこのようなやり方では客観性がふたたび失われてしまうからである。無条件的な実証主義によって、そのたびに与えられた法律を直接に考察するか、それともまず体系を構築しようとするかは、唐突に客観性の情熱に浸された形而上学にとっては、どちらでもよいことである。

ケルゼンは、方法論的な批判を終えたところから、まったく自然科学的な原因概念を使用し始めるのであり、これはケルゼンがヒュームやカントの実体概念の批判を、そのまま国家論に適用できると考えていることを示すものである（『社会学的な国家概念と法律学的な国家概念』二〇八ページ）。ケルゼンはスコラ学における実体概念は、数学的および自然科学的な思考における実体概念とはまったく違うものであることを見落としているのである。

法の実体と執行との区別は、主権概念の理論の歴史において基本的に重要な意味を持つものであり、私は『独裁』においてこの点を指摘しておいたが（四四ページ、一〇五ページ、一九四ページ）、この区別はそもそも自然科学的な概念によってはまったく把握できないものであるが、法律学的な議論においては本質的な要素なのである。

ケルゼンが民主主義を信奉する理由を明らかにした文章には、ケル

ゼンの思考が本質的に数学的で自然科学的なものであることが明白に示されている。すなわち民主主義は政治的な相対主義の表現であり、奇跡や教義から解放され、人間の知性と批判的な懐疑に基礎を置く科学的な精神の表れであると語っているのである（『民主主義の本質と価値』社会科学論集、一九二〇年、八四ページ）。[*40]

主権概念を社会学的に考察するにあたっては、法律学的な概念一般を社会学的に考察して理解しておくことが必要不可欠である。そして法律学的な概念の社会学的な考察は、首尾一貫した根本的なイデオロギーを前提とするものであるだけに、神学的な概念と法律学的な概念が体系

*40　ケルゼンは『民主主義の本質と価値』において、民主主義を「政治的相対主義の表現である」と呼びながら、民主主義は「精神的自由にとって、奇跡と独断から解放され、人間の理性の上に、批判の懐疑の上に、基礎づけられた科学」の政治的な表れであると語っている。ケルゼン『デモクラシーの本質と価値』西島芳二訳、岩波文庫、一三一ページ参照。

的に類似したものであることを、ここで強調しておく必要がある。

ただしその背後に、唯物論的な歴史哲学と唯心論的な歴史哲学の対立が潜んでいると考えるのは、大きな誤解であろう。マックス・ウェーバーは、シュタムラー[*41]の法哲学を批判しながら、極端に唯物論的な歴史哲学も極端に唯心論的な歴史哲学も、同じような誤謬に陥っていることを指摘したが、王政復古時代の政治神学がその適切な実例となっているのである。というのも反革命の理論家たちは、政治的な変革を世界観の変化によって説明しながら、フランス革命の原因は啓蒙主義哲学にあると主張したのだった。これとは逆に急進的な革命家たちは、思考における変化の原因を、政治的および社会的な変化に求めたが、この二つの主張はたがい矛盾対立したものなのである。

方法論的な誤謬

宗教的、哲学的、芸術的、文化的な変化は、政治的および社会的な状況と密接に結びついたものであるということは、一九二〇年代の西ヨーロッパ、とくにフランスで広まっていたドグマである。さらにマルクス主義的な歴史哲学は、政治的および社会的な変化そのものについても原因を求め、それを経済的なものにみいだした。これによってこうした結びつきは経済的なものへと徹底化され、しかも体系的に厳密なものとして把握されたのだった。ところがこのように唯物論的に説明することによって、イデオロギー的な一貫性を個別に観察することができなくなって

＊41　ルドルフ・シュタムラー（一八五六〜一九三八）はドイツのマールブルク学派の法学者で、法実証主義と自然法を架橋しようとした。

しまった。というのもこの説明ではあらゆるところに経済的な関係のたんなる「反映」や「投影」や「仮装」をみいだすことになり、いたるところで心理的な説明や解釈を貫こうとするのであり、俗流的な形態においてはすべてを心理学的に邪推するからである。こうした方法はあらゆる思考を生命過程の持つ機能や現れとみなすものであり、その過度なまでの合理主義が、すぐにでも非合理主義的な歴史把握に落ちこんでしまうのである。このようにしてジョルジュ・ソレルのアナルコ・サンジカリズム的な社会主義は、マルクスの経済的な歴史把握と、ベルクソンの生の哲学を結びつけることができたのだった。

物質的な過程を唯心論的に説明する試みと、精神的な現象を唯物論的に説明する試みは、どちらも因果的な関係を探るものである。どちらの説明においても最初に二つの領域を対置しておいて、次に片方の領域を他方の領域に還元することによって、この対比の意味をなくしてしま

う。このやり方はその方法論からして必然的に戯画的なものにならざるをえない。

エンゲルスはカルヴァンの予定説の教義を資本主義的な自由競争の愚かしさとでたらめさが投影されたものだと考えたが、これとまったく同じやり方で、現代の相対性理論とその成果を、今日の世界市場の為替相場の状況に還元することができるはずであり、そうすれば相対性理論の経済的な下部構造が発見されたことになるわけである。こうした方法を〈概念の社会学〉とか理論の社会学と呼ぶこともたしかに可能ではあるが、ここではこれについては問題にしない。これとは別に特定の理念や知的な形象に対して典型的にふさわしい人物群を探し出し、こうした人物がその社会学的な境遇から、どのようにして特定のイデオロギーを持つようになったかを解明しようとする社会学的な方法もみられる。

マックス・ウェーバーは、法律の事実にかかわる領域の分化を、法

律の専門家、司法官僚、法学の分野での著名人がどのようにして生まれるかという観点から説明しようとしているが(『法社会学』第二巻第一章)、これはこうした社会学的な方法を適用したものである。ウェーバーは「職業的に法律の作成に携わる人々のグループの社会学的な特性」によって、法学的な議論の特定の方法と明証性が規定されていると主張している。しかしこれはまだ法学的な〈概念の社会学〉にはなっていない。ある概念をその社会学的な担い手によって説明するのは、人間の行動の特定の動機を確定しようとするものであって、心理学的な説明にすぎない。これは社会学的な問題ではあるが、〈概念の社会学〉の問題ではないのである。この方法を精神的な業績に適用するならば、境遇に基づいてそうした業績を説明できるようになるか、あるいは官僚とか弁護士とか国立大学の教授などといった特定の種類の人物像の社会学を作り出すことはできるし、しゃれた「心理学」をでっちあげることもできる

だろう。

たとえばヘーゲルの哲学体系は、大学教授を職業とする人物の哲学であり、その経済的および社会的な状況によって、絶対意識の思弁的な優位が認識されるようになり、哲学の教師としての職業を遂行できるようになったと説明して、ヘーゲルの体系の社会学的な考案とすることもできるわけである。あるいはケルゼンの法学は、変化しつづける政治的な関係の中で働いている法律官僚のイデオロギーであって、あらゆる支配形態において、与えられた実定的な法律規範を体系的に処理しながら、その折々の政治権力に対して相対的な優位を保持しようとする試みであると説明することもできよう。このやり方を一貫して進めれば、社会的および心理学的な「肖像画」を描くことができるはずであるが、これはむしろ文藝の領域にふさわしい社会学の試みであり、サント・ブーブのような機知に富んだ風刺文学の試みと変わりがないのである。

神の概念と君主の概念

ところでわたしが提案しようとしている〈概念の社会学〉はこうしたものとはまったく異なるものであり、これだけが主権概念のような概念の研究において、学問的な成果をあげることができるはずである。〈概念の社会学〉においては、法律に関わる生活の当面の実際的な利益を目指した法律学的な概念操作の枠組みを超えて、究極的で根源的な体系的な構造を発見し、この構造を特定の時期の社会構造の概念操作と比較することを試みる。この試みにおいては、徹底的な概念構造という理念的なものが、社会的な現実の反映なのか、それとも反対に社会的な現実が、一定の思考様式あるいは行動様式の帰結として捉えるべきものなのかということは、問題とされない。むしろこの二つの事柄が、精神的に同一の

ものであること、そして実質的にも同一であることが証明されねばならないのである。

だから一七世紀の君主政が現実的なものであり、デカルト的な神の概念はそれを「投影した」ものであると考えるのは、こうした〈概念の社会学〉にふさわしいものではない。主権概念についての一七世紀の〈概念の社会学〉が示そうと試みるのは、君主政の歴史的および政治的な存立が、当時の西ヨーロッパの人間の全体的な意識状況にふさわしいものであったこと、そしてその歴史的で政治的な現実を法的に構成しようとすれば、その構造が形而上学的な概念の構造と一致するものであったことである。これによって君主政が当時の人々の意識においては、後の時代に民主政が持ちえたのと同じような自明性をそなえていたことを示すことができよう。

このような法律的な〈概念の社会学〉にとって前提となるのは、徹

底的な概念性であり、形而上学や神学の領域にまで及ぼされた論理的な一貫性である。特定の時代において構築された形而上学的な世界像の構造は、その時代において自明なものとして受け入れられている政治組織の形式の構造と同じものである。主権概念についての〈概念の社会学〉は、このような構造の同一性を明らかにする。エドワード・ケアード[*42]がオーギュスト・コントについて考察した著書において、形而上学こそがその時代のもっとも明瞭で最も強烈な表現であると述べていることの正しさは、これによって証明されるのである。

一八世紀の合理主義が自明な前提とした国家の法的な生の理想は「神の不変の掟に従うこと」というものだった。この言葉はルソーの論文「政治経済論」に示されたものであるが、ルソーにおいて、とくに主権概念における神学的な概念の政治化は顕著なものであり、ルソーの政治理論の研究者であればすぐに気づくようなものである。たとえばブト

ミーは[*43]、「ルソーは哲学者が神について作り上げた理念を主権者に適用している。すなわち主権者は欲するところはすべてなすことができるが、ただ悪しきことだけはなしえないのである」と述べている（『政治科学年報』一九〇二年、四一八ページ）。

一七世紀の国家理論においては君主が神と同じものとみなされていること、デカルトの体系で君主は、世界において神が占めているのとまったく同じ地位を占めていることは、アジェが言及しているとおりである（『社会契約論の成立についての試論』一九〇六年、一三六ページ）。すなわち「君主はある種の永続的な創造の力によって、国家のうちに存在す

＊42　エドワード・ケアード（一八三五〜一九〇八）はイギリスの哲学者で神学者。ヘーゲル主義的な観念論を唱えた。

＊43　エミール・ブトミー（一八三五〜一九〇六）はフランスの政治理論家。イェリネクとの人権論争で有名である。

るあらゆる潜在的な力を顕在的なものとする。君主とは、デカルトの神が政治の世界に移されたものである」という。

ここではさしあたり心理学的にみて、すなわち現象学者にとっては現象学的にみてということだが、形而上学的、政治学的、社会学的な観念のうちに完全な同一性が貫かれているのであり、主権者は人格的に単一で、究極的な創造者であることが要請されているのである。このことはデカルトの『方法序説』に語られた優れた逸話が、きわめて教訓的な形で実例を示している。この書物は新しい合理主義的な精神の記録であり、懐疑のただなかにあっても自らの知性を働かせることに心の安らぎをみいだした合理主義の精神の記録である。「わたしはあらゆることにおいて、自分の理性を働かせることができた」[*44]というのである。

それでは省察に思考を集中したこの精神が最初にみいだしたのはどのようなものだったろうか。それは多数の大工が作り出した作品は、た

だ一人の大工が作り出した作品ほど完全なものではなく、家や都市を作るのは「ただ一人の」建築家でなければならないということだった。すなわち最良の憲法は、ただ一人の立法者の創造するものであり、「ただ一人によって作り出されたものである」。このようにして「唯一の神が世界を支配する」のである。デカルトがメルセンヌ宛の書簡で書いたように、「この自然法を定められたのが神であるのと同じように、王国の法を定めるのは国王である」。一七世紀と一八世紀はこのような考え方に支配されていた。

ホッブズの思考の決定主義的なあり方を別とすれば、彼がその唯名論や自然科学的な傾向にもかかわらず、そして個別の事物を原子に解体

*44　デカルトは、思考のための四つの方法を考え出し、「この方法によれば私の理性を、あらゆることにおいて完全にとは言えないまでも、少なくとも自分の力の及ぶ限りにおいて、最もよく使いうると保証された」(デカルト『方法序説』落合太郎訳、岩波文庫、三二〜三三ページ)と語っている。

しようと試みるにもかかわらず、なぜ人格主義的な立場を離れないのかという理由についても、彼が究極の具体的な決定を下す審級を要請する理由についても、そして彼がリヴァイアサンとしての国家を、神話的なまでに巨大な一つの人格に仕立てあげる理由についても、すべてこれによって説明できるのである。ホッブズのこうした試みは、擬人化ではないのであり、彼はこの段階はすでに脱却していた。これはホッブズの法律学的な思考が方法論的にも体系的にも必然的に要請することなのである。ただし建築家とか世界の建築者といった比喩は、因果の概念にまつわる不明瞭さを含んでいる。世界の建築者は第一原因であると同時に立法者なのであり、合法化する権威なのである。啓蒙の時代を通じてフランス革命にいたるまで、世界や国家を建造したのは「立法者」であるとされていたのである。

君主の正統性から人民の正統性へ

この時代よりも後の時代になると、もっぱら自然科学的な思考の論理的な一貫性が、政治思想の領域にも浸透してくる。このようにして啓蒙の時代には支配的であった本質的に法学的な思考や倫理的な思考が、追い払われたのである。法律の規定の普遍的な妥当性は、自然法則が例外なく妥当することと同じものと考えられた。かつての理神論的な世界像では、主権者はこの世界の外に立ちながら、それでもこの世界という大いなる機械を組み立てたのであるが、この時代にはもはやこうした主権者は徹底的に排除された。機械は今や自動で動くようになったのである。ライプニッツやマールブランシュの形而上学を支配しているのは、神は普遍的な意志を表明するだけであって、特殊な意志を表明することはな

いという形而上学的な命題である。

ルソーにあっては一般意志は主権者の意志と同じものとなる。他方でルソーにおける普遍の概念は、一般意志の主体についても量的に規定されることになる。すなわち民衆が主権者となるのである。これによって従来の主権概念に見られた決断主義的な要素や人格主義的な要素が失われた。民衆の意志はつねに善であるとされた。「人民はつねに有徳である」というのである。シェイエスは[*45]「人民がどのようにして意志を持つようになるのかは問題ではない。人民が意志を持つということだけで十分である。その意志の形式はつねに善であり、その意志はつねに至高の法である」と語っている。

しかし人民がつねに正しい意志を持つという必然性は、人格的な主権者の命令が特徴としていた正当性とは違ったものである。絶対君主政においては、たがいに争いあう利害と同盟関係のうちで、君主が争いに

裁定を下すことによって、国家としての統一性を基礎づけていた。しかし人民のもたらす統一性には、この決断主義的な性格が欠けている。人民というものは、有機的な統一体であり、国民としての意識が生まれるとともに、有機的な全体性としての国家という考え方が生まれたのである。そうなると政治的な形而上学にとっては、人格神論的な神の概念や理神論的な神の概念は、理解しがたいものとなった。たしかにしばらくの間は神の観念の余韻が残る。アメリカではこれは、民の声は神の声であるという理性的で実用的な信仰となったのであり、一八〇一年にトマス・ジェファーソンが［大統領選で］勝利するための基礎となったのはこの信仰だった。

＊45　エマニュエル＝ジョゼフ・シェイエス（一七四八〜一八三六）は、フランスの革命指導者で政治家。著作『第三身分とは何か』はフランス革命の導火線となった。ここで引用されているのも、この著作からの文である。

トクヴィルはアメリカの民主主義について記述しながらこう述べている。すなわち民主主義的な思考においては、民衆は国家生活の全体よりも上位に位置する。それは世界に君臨する神のような存在であり、万物はそこから生まれ、そこに帰着する。それは万物の発生原因であり帰結でもある。ところが今日ではケルゼンのような重要な国家哲学者が民主主義を、相対的で非人格的な科学思考の表現として理解するようになったのである。この変化は一九世紀における政治神学と形而上学の発展に対応したものである。

超越から内在へ

一七世紀と一八世紀の神の概念においては、神は世界を超越した存在であった。それはこの時代の国家哲学においては、主権者が国家を超越し

たのと同じことである。しかし一九世紀には内在性の観念が次第に広まり、やがてはすべてがこの内在性の関連によって支配されるようになる。一九世紀の政治的な理論や国法学の理論に繰り返し出てくる同一性の理論は、すべてこのような内在性の観念から生まれたものである。たとえば民主主義の理論は支配者と被支配者の同一性を主張し、有機的な国家論は国家と主権の同一性を主張し、クラッベの法治国家論は主権と法秩序の同一性を主張し、ケルゼンの学説は国家と法秩序の同一性を主張する。

王政復古時代の著作家たちが初めて政治神学を展開したのであり、それ以後にあらゆる既成秩序に急進的に反対する理論家たちのイデオロギー闘争においては、神に対する信仰そのものを批判する意識を高めながら、神への信仰が支配や統一に対する信仰のもっとも基本的な表現であるとして批判されるようになった。

プルードンは明らかにオーギュスト・コントの影響のもとで神との戦いを開始したのであり、これをバクーニンが凶暴なまでの激しさで推進したのだった。伝統的な宗教に対する戦いの背後には、きわめて多様な政治的および社会的な動機が控えているのは明らかである。こうした動機としてはキリスト教の教会の保守性への批判や、王権と教会との癒着への批判があげられるだろう。さらに多くの優れた作家たちが「階層的な地位の落下」を経験したために、一九世紀の芸術と文学の天才的な代表者たちが、生涯の少なくとも決定的な時期において、市民的な秩序から排除され、それにふさわしい芸術や文化が生じたという事情もあげられるだろう。これらのすべてはまだ、社会学には詳細にわたって認識され、評価されているとは言えないのである。

ただし大筋で見ると、大多数の教養人のうちで超越のイメージがまったく消滅し、多少なりとも明確な内在的な汎神論に向かうか、あらゆ

る形而上学に対する積極的な無関心さを自明なものとして受け入れる方向に進んだのである。

ヘーゲル哲学において壮大な体系として構築された内在の哲学は、それが神の概念を維持している限りで、世界のうちに神を引き入れるのであり、法律や国家なども客観的なものが内在するという観点から理解しようとすることになる。もっとも急進的な理論家たちのうちでは、首尾一貫した無神論が支配的なものとなったのであり、ドイツのヘーゲル左派がこの問題をもっとも強く意識していた。彼らはプルードンに劣らず、神に代わって人間が登場しなければならないことを、きっぱりと断言したのだった。自己自身に目覚めてゆく人類というこの理想が、やがては無政府的な自由にたどり着かざるをえないことは、マルクスもエンゲルスも見落とすことがなかった。一八四二年から一八四四年頃の若きエンゲルスの言葉は、その直感的な若々しさのためにきわめて重要な意

味をそなえている。エンゲルスは「国家および宗教の本質は、人類の自己自身に対する不安である」と表現したのである（G・マイヤー編『初期著作集』一九二〇年、二八一ページ）。

このように理念史的に考察してみると、一九世紀の国家論の展開には二つの特徴的な要素が確認できる。一つはあらゆる人格神論的で超越的な観念が除去されたことであり、もう一つは新しい正統性の概念が確立されたことである。

伝統的な正統性の概念はあらゆる明証性を喪失した。王政復古期の私法的で世襲的な正統性の観念や、情緒と恭順による王政への愛着も、こうした展開には抵抗できなかった。一八四八年以降は国法学が実定的な性格のものとなった。そしてこの実定性という言葉によって自らの困惑を隠してしまうか、あるいはさまざまな表現を使いながら、あらゆる権力を民衆の憲法制定権力から導き出すのだった。すなわち君主制的な

正統性の観念の代わりに、民主主義的な正統性の観念が誕生したのである。だからこそ、すべての政治の核心が形而上学的なものであることを意識していたカトリック系の国家哲学者であり、決断主義的な思想のもっとも偉大な代表の一人であるドノソ・コルテスが、一八四八年革命を目撃して王政の時代の終焉を意識したことは、計り知れないほどの重要性を持つ出来事である。もはや王は存在せず、王への忠誠は完全に失われた。伝統的な意味での正統性はもはや存在しない。このようにしてコルテスにとって残された道はただ一つ、すなわち独裁しかなかった。ホッブズもまた同じように（ただし彼の場合には数学的な相対主義を交えつつであるが）、決断主義的な思想を突き詰めることによってこうした結論に到達した。「法を作るのは真理ではなく権威である」というわけである。

現在ではこのような決断主義についての詳細な記述も、ドノソ・コ

ルテスについての立ち入った評価もまだ行われていない。ここではただ、このスペインの神学的な思想家の思考様式が、中世の法律学的な構造を持つ思考の枠組みのうちに完全に収まっていることを指摘しておくにとどめよう。彼の思考様式と議論のすべては、法律学的な性格のものであって、一九世紀の数学的な自然科学思想についてはまったく無理解であった。それはちょうど自然科学思想が、決断主義や法的思考に特有の首尾一貫性や、人格的決断において頂点に達するこの法律学的な思考に特有の首尾一貫性については、まったく無理解であったのと同じである。

反革命の国家哲学について
——ド・メーストル、ボナール、ドノソ・コルテス

Zur Staatsphilosophie der Gegenrevolution
(de Maistre, Bonald, Donoso Cortés)

4

カトリック系の国家哲学者たち

永遠の対話というのはドイツのロマン主義に固有の独特な観念である。ノヴァーリス[*46]やアダム・ミュラー[*47]は自らの精神がこのような永遠の対話のうちに実現すると考えていた。ところでド・メーストルやボナールや

*46 ノヴァーリス（一七七二〜一八〇一）はドイツの詩人で思想家。ドイツのロマン主義者の代表者の一人で、シュミットは『政治的ロマン主義』でノヴァーリスについて詳細に論じている。

ドノソ・コルテスなどのカトリック系の国家哲学者たちも、保守的であるか反動的な哲学者たちであって、中世の状態を理想化していたため、ドイツではロマン派と呼ばれている。しかし彼らはこのような永遠の対話のようなものは、残酷な滑稽さをそなえた幻想の産物と考えただろう。

というのも彼らの反革命的な国家哲学の特徴は、決定の時が来たという意識にあるのであり、一七八九年と一八四八年の二つの革命のあいだに、この意識にそなわるエネルギーが極限まで強められて、決定の概念が彼らの思考の中心を占めたからである。一九世紀のカトリック哲学が精神的な現実性を示した場合には、つねに中間を許さない二者択一を迫られている思想が、何らかの形で表現されているのである。ニューマン[*48]は、カトリシズムと無神論のあいだに中間はないと主張した。すべてのことにおいて、あれかこれかという二者択一が迫られているのであり、その厳しさは永遠の対話よりもむしろ独裁の響きをもつのである。

王政復古は革命の活動的な精神と戦うために、伝統や慣習という概念を利用し、さらに歴史はごく緩慢に成長するものであるという認識を利用していた。このような理念によって、人間には生得の理性というものがそなわっているという考え方を完全に否定し、あらゆる活動を悪とみなす絶対的な道徳的な受動性に導かれたのである。神学的にみると伝統主義はJ・ループスや、シャステル師[*49]によって反駁されている。それだけではなく、シャステルはさらに「ドイツの感傷主義」こそがこうした誤謬の根源であることを指摘しているのである。伝統主義が極端に進

*47 アダム・ミュラー（一七七九～一八二九）はドイツの政治理論家。ドイツの政治的ロマン主義の代表。シュミットは『政治的ロマン主義』でミューラーを詳細に批判している。

*48 ジョン・ヘンリー・ニューマン（一八〇一～一八九〇）はイギリスの聖職者。英国国教会の司祭から出発してカトリック教会の枢機卿になった。

*49 シャステル師、マリー・アンジュ・シャステル（一八〇四～一八六一）はイエズス会士の哲学者。『人間理性の価値について』や『教会と現代哲学の体系』などの著作がある。

むと、実際のところ知的な意識のあるものによるあらゆる決定を、非合理主義的な形で拒否するようになるだろう。

ボナールの思想

それにもかかわらず伝統主義の創始者であるボナールの思想は、永遠なるものが自己のうちから自発的に生成し、発展するという理念とはかけはなれたものであった。ただし彼の精神は、ド・メーストルやドノソ・コルテスの精神とは異なる構造をそなえていた。ボナールは時に驚くほどドイツ的なところをみせている。しかし彼にあっては伝統への信仰がシェリングの哲学のような形をとることも、アダム・ミュラーのようなさまざまな対立物が混淆するという思想となることもないし、さらにヘーゲルのような歴史信仰になることもないのである。

ボナールにとっては伝統は、人間の形而上学的な信念にとって容認することのできる内容を獲得することのできるただ一つの可能性なのである。というのも内発的に真理を認識するには、個人はあまりにも弱すぎるし惨めな存在だからである。すでに名前をあげたシェリング、ミューラー、ヘーゲルという三人のドイツ人との違いは、人間が歴史をたどる道を形容したボナールの恐ろしい比喩のうちにあらわになっている。この比喩によると人間たちは、杖にすがり手探りで歩む盲目の道案内に導かれた盲目の人々の集まりにすぎないというのである。

実際にボナールは反定立と概念区分を好んでいたが、これは道徳的な対立を含むものであって、これによってボナールは〈スコラ派〉というあだ名をもらったのだった。しかしこれはシェリングの自然哲学の「中立点」をそなえた両極性の概念とは異なるし、たんに歴史的な過程の弁証法的な否定の概念とも異なる。ボナールは「わたしはつねに二つ

の深淵の中間に立っている。わたしはつねに存在と無とのあいだを歩む」と語っていた。善と悪が対立し、神と悪魔が対立しているのであって、その中間にあるのは生きるか死ぬかの二者択一であり、そこにはいかなる総合も、「より高次の第三者」も存在しないのである。

ド・メーストルの思想

またド・メーストルはとくに主権について語るの好んだが、彼にとって主権とは本質的に、決定を意味するものだった。国家の価値は、何らかの決定を下すところにあり、教会の価値は、反論を許さない究極の決定を下すところにある。ド・メーストルにとって無謬性とは、反論することのできない決定の本質であり、教会的な秩序における無謬性の本質は、国家的な秩序における主権の本質と同じ性格のものであった。無謬性と

主権という二つの言葉は「完全に同義」(『教皇論』第一章)なのである。すべての主権は自らに過失がないようにふるまい、すべての統治は絶対的なものである。

この命題は、まったく別の意図からではあっても、無政府主義者が一言一句違わずに語っても不思議でないものである。このような表現のうちには政治理念の歴史全体を通じて登場するもっとも明瞭な反定立が含まれているのである。バブーフに始まり、バクーニン、クロポトキン、オットー・グロースにいたる無政府主義の教説はすべて、「民衆は正しく、権力は腐敗する」という公理を軸として展開されるのである。

これに対してド・メーストルはまさにその反対に「権力はそれが存続するだけで、それ自体で善である」と主張する。その根拠は、権力が存在する限り、その権力は決定を下すのであり、その決定はそれ自体において価値をそなえているということにある。というのもきわめて重大

な事柄にあっては、どのような決定を下すかということよりも、そもそも決定を下すということの方がはるかに重要だからだという。「わたしたちが関心を持つのは、ある問題がどのように決定されるかではなく、遅滞なく、しかも反論を許さない形で決定が下されるということである」というわけである。実際に彼にとっては、まったく誤謬を犯さないことと、いかなる誤謬によっても告発されないことは、同じことを意味するのである。その決定がどのような上級の審級によっても吟味されないことこそが重要なのである。

一七八九年の第三身分による革命と、一八四八年のプロレタリアによる革命を比較してみると、プロレタリア革命の方が革命の過激さにおいて、第三身分による革命よりもはるかに徹底したものである。それと同じように反革命の国家哲学の思考においても、一八四八年の革命の際には、決定の重要性が高まっている。このように考えるならば、ド・メ

ーストルの正統主義からドノソ・コルテスの独裁論にいたる発展を理解できるようになる。この発展に伴って、人間の本性についての公理的な命題の重要性がさらに過激なものとなったのだった。すべての政治的な理念は、人間の「本性」についての何らかの態度決定を表明するものであり、人間の本性が「生まれつき善である」のか、それとも「生まれつき悪である」のかのいずれかを前提とするものである。教育学的な説明や経済学的な説明によっては、この問題は表面的に回避することしかできないのである。

啓蒙時代の合理主義にとっては、人間は生まれつき愚鈍で粗野な存在であるが、教育によって改善できるものであった。そのため啓蒙時代の「合法的な専制主義」という理想は、教育学的な理由からも正当化できたのである。無教養な人類は、「立法者」によって教育されるか（ルソーの社会契約論によると、立法者は「人間の本性を変える」ことができる

とされていた）、人類の反抗的な性質はフィヒテによると「専制君主」の強制によって抑えることができるとされていた。このようにして国家は、フィヒテの素朴で乱暴な表現を借りると「教育工場」になるのである。

これに対してマルクス主義的な社会主義は、人間の本性の問題を付随的で余分なものだと考えているが、それは経済的で社会的な条件によって、人間を変えることができると信じているからである。ところが意識的に無神論の立場をとる無政府主義者たちにとっては、人間は絶対に善であり、人間のすべての悪は神学的な思考の産物であるかその派生物の産物なのであり、権威や国家や当局などのすべての観念は、人間の悪に属するものとされるのである。

社会契約論においては人間は生まれつき善なるものとは考えられていない。この社会契約論の国家理論的な構成を試みたのは、ド・メース

トルやボナールなどであった。セリエール[*50]が見事に証明したように、善なる人間という有名な「ルソー主義的な」命題が展開されるようになったのは、ルソーの後期の小説においてである。

ドノソ・コルテスの思想

これに対してドノソ・コルテスと対立したのはプルードンであった。プルードンは反神学的な無政府主義を唱えていたために、人間は善であるという公理から出発することは、論理的にも必然的なものであった。ところがドノソ・コルテスはカトリック系のキリスト教徒であったため、プルードンとは反対に「人間は悪であるという」原罪の教義から出発せ

＊50　エルネスト・セリエール（一八六六～一九五五）はフランスの批評家。ロマン主義を激しく攻撃したことで有名である。

ざるをえなかった。ただしコルテスはこの教義をさらに尖鋭化して、人間の本性は絶対的に悪であり、絶対に有罪であるという理論にまで発展させたのであった。

この人間の原罪の教義を確定したのは［一五四五年に召集された］トリエント公会議であったが、この教義そのものは必ずしも過激なものではなかった。ルター派は人間の原罪という概念に基づいて、人間には価値がないという理論を主張したのであるが、トリエント公会議の定めた教義は、人間性における歪みや汚れや傷を認めるだけで、人間には生まれつき善に向かって進む可能性がそなわっていることを認めていたからである。ガジュエル師[*51]は、ドノソ・コルテスをカトリックの教義の立場から批判した立場から批判しながら、コルテスが人間の生来の悪や価値のなさを誇張したことを指摘したが、これはもっともなことだった。

ただしコルテスにとって重要だったのは、原罪の教義を展開するこ

とそのものではなく、きわめて現実的な宗教的および政治的な決定を下すことであった。これを見落とすのは、コルテスを不当に扱うものである。コルテスが人間の生来の悪について語る時に試みていたのは、無神論的な無政府主義に対して、そして善なる人間という公理に対して、論争を仕掛けることだったのである。コルテスは教義的に（ドグマティコース）批判することを目指したのではなく、教義に対立する形で（アンティテティコース）議論を展開することを目指していたのである。コルテスのこの主張はルターの教義と一致するように見えるが、ルター派のようにあらゆる当局に屈するような姿勢を示すことはなかった。コルテスは異端審問官の精神的な後継者を自認していたのであり、それにふさわしい精神的な規模の大きさを維持していたのである。

＊51　ガジュエル師、ジャン・ピエール・ロラン・ガジュエル（一八一一〜一八八八）はフランスの聖職者。

コルテスの悪の理論

たしかにコルテスが人間の生来の悪と低俗さについて述べているところは、これまで絶対主義的な国家哲学において、人間を厳格に支配するための根拠として援用されてきた主張よりもはるかに恐ろしげなものである。ド・メーストルもまた人間の悪の深さに驚愕したのであり、人間の本性について述べた彼の理論には、幻想というものを持たない道徳性と孤独な心理学的な経験から生まれた強い力がそなわっている。さらにボナールは人間が基本的に悪しき本能を持っていることについてはいかなる幻想も抱いておらず、現代の心理学に劣らず、人間には根絶しがたい「力への意志」がそなわっていることをはっきりと認識していた。しかしこれもドノソ・コルテスの激しい主張と比較すると、影の薄いものにな

っている。

コルテスの人間蔑視は、もはやとどまるところを知らなかった。コルテスからみて、人間の知性の盲目さと薄弱な意志、そして肉体的な欲望の強さはきわめて憐れむべきものであって、この人間という生物の低劣さを表現するには、人間の持つ言語のいかなる語彙も力不足であった。コルテスは、もしも「イエスに受肉することで」神が人間になるという恵みを与えていなかったならば、「わたしが自分の足で踏み潰すトカゲですら、人間ほど軽蔑すべき生物には映らなかっただろう」と語っているほどである。

大衆の愚かしさも、大衆の指導者たちの哀れな虚栄心も、コルテスにとっては驚くべきものであった。コルテスの罪意識はあらゆるところに広がり、ピューリタンの罪意識よりも激しいものになった。ロシアの無政府主義者たちは、「人間の本性は善である」と確信していた。しか

しスペインのカトリック教徒であるコルテスは、「もしも神が教えてくれなかったならば、人間は自分の本性が善なるものであることをどこから知るのであろうか」と問いかけながら、根源的な確信をこめてこれに反論するのである。コルテスの絶望は、友人のラジンスキー伯爵に宛てた手紙では、ほとんど狂気じみたものとなっている。

彼の歴史哲学によると、悪が勝利することは自明なことであり、ごく自然なことであって、これを押しとどめるのはただ神の奇跡によるしかないという。コルテスが人間の歴史から受けた印象を表現したさまざまな比喩は、恐れと驚きに満ちたものであった。いかなる人間も迷路の中をあてもなくさまよっているのであり、人間たちはその迷路の入口も出口も知らず、その構造すら知らないのであり、これをわたしたちは歴史と呼ぶのだという（『全集』第五巻、一九二ページ）。あるいは人間は大海原をさまよう船のようなものであって、この船には強制的に集められ

た反抗的で下品な船員たちが乗船させられている。そして神の怒りによってこれらの反抗的な無頼の徒が海の中に突き落とされて、再び船が沈黙によって支配されるまで、これらの船員たちは船の上で踊り狂い、騒ぎ続けるのである（『全集』第四巻、一〇二ページ）。彼のもっとも典型的な比喩は、現代という時代は、カトリックと無神論的な社会主義者が血で血を洗う最終的な決戦を戦っているというものであった。

コルテスのブルジョワジー批判

ドノソ・コルテスによると、ブルジョワ的な自由主義の本質は、このような決戦で決着をつけようとするのではなく、討論を始めようと試みることにあるという。コルテスはブルジョワジーを「討論する階級」と定義している。この定義はブルジョワジーを非難するものであって、ブル

ジョワジーが決定を回避していることを咎めているのである。ブルジョワジーのように、すべての政治的な活動を新聞や議会における討論に置き換えてしまうような階級は、社会闘争の時代において成長することはできないと、彼は考える。

フランスの七月王政の自由主義的なブルジョワジーの内的な不安定性と不徹底性は、あらゆるところで確認できる。ブルジョワジーの自由主義的な立憲制が目指すところは、議会によって国王の力を弱めながらも、国王を王位の座にとどめようとすることにある。これはあたかも、神を世界から締め出しておきながら、神の存在を主張しつづける理神論と同じような論理的な矛盾なのである。これについてコルテスは形而上学と国家論との比較というきわめて興味深い論点を、ボナールから受け継いでいる。この比較によると、自由主義的なブルジョアジーは神が存在することを望んでいるが、神は活動できないようになっていなければ

ならない。これと同じように自由主義的なブルジョワジーは君主が存在することを望んでいるが、君主は無力でなければならないのである。

ブルジョワジーは自由と平等を要求しているが、それと同時に有産階級だけに選挙権を認めるべきだと主張する。ブルジョワジーの所有する教養と財産が、立法に影響力を行使することができるようにするためである。これはあたかも教養と財産を所有していることによって、無教養で貧しい人々を抑圧する権利が認められると主張するかのようである。ブルジョワジーはまた血統や家系による貴族政を廃棄することを要求しながら、貴族政のうちでもっとも愚かしく品のない統治方式である金権的な貴族政を容認するのである。このようにブルジョアジーは君主による主権も人民による主権も認めようとしない。それではブルジョワジーは何を望んでいるのだろうか。

自由主義の奇妙な矛盾

自由主義にそなわったこの奇妙な矛盾に注目したのは、ドノソ・コルテスやF・J・シュタールのような反動的な思想家たちだけではなかったし、マルクスやエンゲルスのような革命家たちだけでもなかった。具体的な政治上の問題を焦点として、ドイツのブルジョワジーを代表するヘーゲル学派の哲学者たちとスペインのカトリック教徒たちが対決するという珍しい出来事が発生したのである。というのも双方とも、たがいに影響を与え合うことなく、自由主義にそなわる同じ論理的な矛盾を確認した上で、典型的な明確さによって、たがいに異なる評価に基づいて対立しあったのである。

たとえばローレンツ・フォン・シュタイン[*52]は著書『フランスにおけ

る社会運動の歴史』において、自由主義者たちについて詳細な議論を展開した。自由主義者たちは国王が存在することを望み、人格的な国家権力を望み、国王が独立した意志と行動を保持することを望んでいる。しかし他方では、国王をたんなる執行機関にまで貶めておいて、国王のあらゆる行為に対して内閣の同意を求めるよう要求するのである。これは国王の国家権力にそなわる人格的な要素を奪い取ってしまうことを意味する。

自由主義者たちは国王がさまざまな政党を超越し、議会を超越し、そのようにしてそれらの上位に立つことを望みながらも、国王はこの議会の意志を遂行することの他には何もしてはならないと規定する。自由

*52 ローレンツ・フォン・シュタイン（一八一五〜一八九〇）はドイツの国法学者。パンデクテン法学に依拠して法を統一しようとしたプロイセンの法政策を批判した。伊藤博文を通じて日本に与えた影響も大きい。

主義者たちは国王の人格は侵すべからざるものと言明しておきながら、国王に憲法を遵守するように誓約させる。そして国王が憲法に違反することは可能なことではあるが、この憲法違反を訴追することはできないと主張する。そしてシュタインは「いかなる人間の知恵といえども、このような対立を概念的に解決することができるような鋭さをそなえてはいない」ことを指摘するのである。

自由主義は、合理主義を旗印とする党派であるから、このことは二重の意味で奇妙であると言わざるをえない。F・J・シュタールのようなプロイセンの保守主義者は、国家と教会における党派の現状についての講演において、立憲主義的な自由主義にそなわる多くの矛盾点を取り上げている。シュタールはこれについてはごく単純に説明している。すなわち自由主義的なブルジョワジーは、君主政と貴族政に対する憎悪から左翼的な傾向を強める一方で、過激な民主政治や社会主義によって自

らの財産が脅かされることに不安を抱いているために、ふたたび右翼的な方向に戻っていく。そして王政であれば王の軍隊が財産を保護してくれると見込んで、強力な王政を支持するようになる。このようにして自由主義的なブルジョワジーは、双方の敵の間を揺れ動きながら、双方の敵を欺こうとするのである。

これに対してシュタインはまったく別の説明をしている。彼はこれらのすべての問題の根底に、「生」の問題があると考えるのであり、さまざまな矛盾の背後には生の豊かさが存在していると考えている。彼によると「敵対的な要素が、解き難いまでに混乱して存在するのは確かであるが」、それこそが「まさに生を持つものの本性である」という。現実に存在するものはすべてその内部に対立を秘めている。「脈動する生においては、対立する力が絶え間なく浸透しつづけている。これらの力が真の意味で対立するようになるのは、生から切り離された時にほかな

らない」。

さらにシュタインはさまざまな対立が相互に浸透する状態を、有機的な自然のプロセスや人格的な生のプロセスと比較しながら、国家もまた人格的な生命をそなえていると主張する。生命の本質とはまさに、自らのうちにおいてつねに新たな対立を生み出し、つねに新たな調和を生み出すことにあるという。

コルテスの自由主義批判

このような「有機的な」思考方法こそは、ド・メーストルやドノソ・コルテスにはみられなかったものである。ド・メーストルは、シェリングの生命哲学をまったく理解していないことを示して、このことをあらわにしたのであり、ドノソ・コルテスもまた一八四九年にベルリンにおい

てヘーゲル哲学に出会って驚愕に襲われたのである。二人とも経験も実績も豊かな外交官や政治家であり、常識的な妥協を行うことは珍しいことではなかった。しかしどちらにとっても、体系的で形而上学的な妥協を行うことは許せなかったのである。彼らにとっては、決定的なところで自分の意見を保留して、そこで何らかの決定を下さなければならないことを否認するような態度は、奇妙な汎神論的な混乱としか思えなかっただろう。

コルテスにとっては、自由主義的な党派の論理の一貫性の欠如や妥協的な態度は、あたかも「生命を救ってやるべきなのは」キリストかそれとも「盗賊の」バラバかという「その場で決定を求める総督ピラトの」問いかけに対して、決定を延期しようとか、調査委員会を設置しようなどと答えるようなものであり、ごく短い間の猶予期間においてしか認められないと思われたのである。ところがこのような妥協的な対応は

偶然に生まれたものではなく、自由主義的な形而上学から生まれざるをえなかったものなのである。

ブルジョワジーは、言論と出版の自由を重視する階級であり、何らかの任意の心理学的な状況や経済学的な状況から自由を重視するようになったわけでも、行動的な思考に基づいてこうした自由を重視するようになったわけでもない。自由主義的な自由権の理念は、もともとはアメリカ合衆国に由来するものであることは、すでに昔から知られていたことである。近代になってゲオルク・イェリネクがこうした自由がアメリカ合衆国生まれのものであることを明らかにした。これはカトリック系の国家哲学者にとっても、ついでながら「ユダヤ人問題について」という論文を発表したカール・マルクスにとっても、まったく驚くに値しない理論であった。また明確に理念史的な研究の立場から眺めるならば、商業の自由と産業の自由という経済的な要請も、こうした形而上学的な

核心から生み出された派生的な産物にすぎないのである。

ドノソ・コルテスは、彼のラジカルな精神性の立場から、つねに論敵の神学的な主張に注目する傾向がある。コルテスは決して「神学的な主張をする」ことはなく、曖昧な主張をすることは避け、神秘的な組み合わせや類比を活用することを避ける。そして神秘的な神託を下すようなことも避けるのである。現実の政治問題について書簡を送るときには、冷静で時には冷酷なまでに現実を直視する姿勢を示すし、ドン・キホーテ的な気まぐれを示すことはない。体系的な思考プロセスを推進することによって、良い意味でのドグマ的な神学の持つ簡潔性に到達しようと試みる。だからこそブルジョワジーを「討議する階級」と定義したり、言論と出版の自由はブルジョワジーの宗教であると喝破したりするのは、精神的な事柄に対するドノソ・コルテスの洞察の鋭さを示すものである。

わたしとしてはコルテスのこれらの言葉を、自由主義一般についての最終的な判断とみなすつもりはないが、大陸の自由主義についての卓越した評価であると考えている。たとえばコンドルセの思想的な立場からは、理想的な政治というものは、議会だけではなくすべての国民が討論に参加し、人間社会の全体が一つの巨大な討論団体のようなものとなることである。そしてそこでの討論と採決によって、おのずから真理が明らかになると考える。ヴォルツェンドルフがまた、コルテスとの精神的な近さから、こうした大陸の自由主義の典型的な意義について巧みに述べている。

ところがドノソ・コルテスはこのような自由主義の理想とする政治のあり方は、責任回避の思想に過ぎず、言論と出版の自由を過度に重視することによって、結局のところは決定を下すことを回避しようとするものであると考える。自由主義は、政治に関わるすべての問題を議論す

ることによって交渉の材料とすることを目指し、形而上学的な真理を討論のうちに解消してしまおうとするものであると考えるのである。自由主義の本質は交渉のうちにあり、決定を下すことを延期しようとする中途半端さこそが自由主義の本質だとする。自由主義とは、決定的な対決や血の流れるような最終的な決戦を議会における討論によってごまかし、討論を永遠に続けることによって、決定を永遠に先延ばしすることができると期待するものなのである。

カインとアベル

討論とは対極の位置にあるのが独裁である。コルテスの精神的な思考方法に見られる決断主義においては、つねに最後の審判が期待されている。だからこそコルテスは自由主義を軽蔑する一方で、無政府主義的な社会

主義については、それが不倶戴天の敵だと考えながらも尊敬の念を抱き、そこには悪魔的な偉大さがあることを認めるのである。コルテスはプルードンのうちに悪魔がいると考えた。これに対してプルードンはこうした評価を笑いのめして、異端審問を思い浮かべながら、自分は火あぶりの刑に処せられるために薪の上に載せられた気分であると語り、「さあ火を放て！」とコルテスに呼びかけるのである（『革命家の告白』新版の追加）。

しかしこの時期にあっては悪魔主義は即興的な逆説などではなく、強い知的な原理の役割を果たしていたのである。悪魔主義の文学的な表現によると、問題となったのは悪魔が戴冠する行為であった。悪魔とは「黒々とした憤怒の力で地上の楽園から父なる神を放逐してしまった人間たちの養父」であって、弟を殺したカインが戴冠したのである。そして弟アベルこそはブルジョワジーであって、アベルは「父親から受け継

いだ暖炉のそばでぬくぬくと腹を温めている」のであった。

カインのやからよ、天にのぼれ、
地上に神を投げ落とせ！（ボードレール[*53]）

ただし悪魔はこの王としての地位を維持することはできなかった。というのもこの状態はさしあたりは、神と悪魔の役割を取り替えたにすぎなかったからである。さらにプルードンは、その後に登場した無政府主義者と比較すると、まだ道徳主義的なプチブルの傾向が強く、家父長の権威とか一夫一婦制の家族原理に固執しつづけていた。神学との戦いにおいて、絶対的な自然主義のすべての帰結が示されたのは、バクーニンに

*53　ボードレール『悪の華』に収録された「アベルとカイン」の最後の二行。邦訳は『ボードレール全集』第一巻、福永武彦訳、人文書院、九六ページ。

おいてである。カール・マルクスはあらゆる宗教を軽蔑したが、バクーニンはむしろ「魔王信仰を広めよう」としたのであり、これを唯一の現実的な革命にしようとしたのである。

ただしバクーニンの理論の重要性は、生命についての独特な観念のうちにあった。バクーニンによると生命というものは、そのうちに自然的な正当性をそなえているのであり、自らのうちから自然に正しい形態を生み出すことができるのだという。だからこそバクーニンにとっては、神と原罪についての神学的な教義は、支配欲と権力欲を満たすための口実を手に入れるために、人間の本性が悪であると主張するものであり、これほど否定的で悪しきものはないということになる。

バクーニンは、あらゆる道徳的な価値判断は神学と権威に辿り着くことになると主張する。こうした権威は、外在的で異質な当為の力によって、人間の生のうちに内在する自然の真理と美しさを抑圧しようとす

るものなのである。こうした権威の源泉は支配欲や所有欲であり、その帰結として、権力を行使する人も権力を行使される人も含めたあらゆる人々が、最終的に腐敗することで終わるのである。

今では無政府主義者は、家父長の権利と一夫一婦制を基礎とする家族こそが人間の真の意味での堕罪の状態であって、母権制こそが原始的な楽園であるとみなし、この楽園に復帰すべきであると主張するようになっている。プルードンの嘲笑の軽さと比較しても、こうした主張はこの問題の持つ深さを強く認識していることを示すものである。ドノソ・コルテスもまた、家父長の権利と家族が解体されることがもたらす最終的な帰結をつねに洞察していた。彼は神学的なものが消滅するとともに道徳的なものが消滅し、道徳的なものが消滅するとともに政治的な理念が消滅することを見抜いていた。コルテスはもしも直接的で自然的な生活が実現し、問題を引き起こすことのない人間の「肉の」世界が実現

し、それによって地上における楽園が実現されたならば、あらゆる道徳的および政治的な決定は消滅してしまうことを見抜いていたのである。

政治的なものの否定

今日の世界において政治的なものに対する戦いほど、現代的なものはない。アメリカの財界人も産業技術者も、マルクス主義的な社会主義者も、さらにはアナルコ・サンジカリズムを奉じる革命家にいたるまで、すべての論者が実態に即さない政治が、経済的な生活の現実性を支配しようとするような状況は廃絶しなければならないと要求する。現代において存在するのは組織的で技術的な課題であり、経済的で社会学的な課題であって、政治的な問題はもはや存在しないというわけである。現代を支配する経済的で技術的な思考にとっては、もはや政治的な理念などは感

受することもできないものなのである。

マックス・ウェーバーが指摘したように、現代の国家は実際に、一つの巨大な企業となったかのようである。政治的な理念というものは、それに関わりのある経済的な利害を持つ人々に対して、そうした政治的な理念を把握することの利益を納得させることができないならば、もはや把握されえないものとなるのである。このような状況にあっては政治的なものは、経済的あるいは技術的・組織的なものに解消されてしまう。そして他方では文化論的あるいは歴史哲学的な一般論のもとで交わされる永遠の対話のうちに、政治的なものが姿を消してしまうのである。この一般論を時代的に区別して考えてみれば、それぞれの時代は古典時代とかロマン主義時代とかバロック時代のように、美学的に性格づけられることになるだろう。いずれにしても政治的な理念の核心にある重要な道徳的な決定が回避されているのである。

ところでこれまで検討してきた反革命的な国家哲学者たちの現実的な重要性は、彼らの決定の徹底性のうちにある。彼らは決断という契機の重要性を強調するあまり、結局は彼らの出発点であった正統性の思想を廃絶することになってしまったのである。ドノソ・コルテスは、君主政の時代はもはや終わったと喝破した。というのももはや王は存在しないし、民衆の意志を無視して王となる勇気を持つ者はいないことを見抜いたからである。このようにしてコルテスは、彼の決断主義をその帰結にまで徹底させ、政治的な独裁を要請するにいたった。すでに引用したド・メーストルの言葉のうちに、国家を決定の要素に還元しようとする思想が示されていた。そしてこの決定とは、推論や討論なしで、また自己弁明なしで行われる純粋な決定であり、無から創造された絶対的な決定なのである。

独裁の必要性

しかしこれはその本質からして正統性ではなく独裁である。ドノソ・コルテスは最後の決戦の時が到来したことを確信していたのである。根源的な悪に対処するには、独裁によって立ち向かうしかないのである。このような時代にあっては世襲という正統性の思想は、虚しい自己正当化にすぎなくなる。このようにして権威と無政府という両極が、絶対的な明確さのもとに互いに対立するようになったのであり、すでに述べたような明確な対立命題を形成するようになったのである。ド・メーストルが、いかなる統治も必然的に絶対的なものであると語ったとすれば、無政府主義者もまったく同じことを主張するだろう。ただし無政府主義者は、人間の本性は善であり、腐敗しているのは統治であるという公理を

適用することによって、ド・メーストルとは反対の結論に到達する。すなわちあらゆる統治は独裁であるから、あらゆる統治は打倒されなければならないと結論するのである。

彼らにとっては決定を正当化しようとする議論はすべて悪しきものである。なぜならばこのような議論によって撹乱されることがなければ、生の本性によって正義がおのずから生まれるはずだからである。無政府主義者はこのような過激な対立命題の力で、決断を下すことに反対することを決定するのである。このようにして十九世紀最大の無政府主義者であるバクーニンは、理論においては神学を否定する神学者になり、行動においては独裁を否定する独裁者にならざるをえないという奇妙な逆説のうちに落ち込んだのである。

第二版のまえがき

この『政治神学』第二版は、〔初版に〕手を加えないままに出版されている。一九二二年三月に出版されたこの小著が、その後の一二年の歳月を経て、どこまでその妥当性を維持できたかを、読者は判定することができるだろう。自由主義的な規範主義と、そうした規範主義の『法治国家』の理論を批判したところもまったく手を加えていない。ただし重要ではない部分を削って、いくらか短縮したところはある。

この数年間に政治神学が適用された数多くの事例が見られる。政治神学という考え方の有効性を明らかにする多くの事例として、一五世紀から一九世紀までに見られた「代表」理論、バロック哲学の神の理論とのアナロジーで考えることのできる一七世紀の君主政の理論、「君

臨すれども統治せず」という一九世紀の「中性的な」権力の理論、「管理すれども統治せず」という純粋な規範国家や行政国家の理論などもあげることができよう。

世俗化プロセスの個々の段階としては、神学的なものから形而上学的なものを経由して、道徳的および人間学的なもの、さらに経済的なものへと移行するさまざまな段階があるが、これらについては「中性化と脱政治化の時代」（一九二九年一〇月、バルセロナ）という講演で論じておいた。

とくにハインリヒ・フォルストホフ[*54]およびフリードリヒ・ゴーガルテン[*55]などのプロテスタントの神学者たちが、ここ数世紀のわたしたちの歴史を理解するためには世俗化の概念が不可欠であることを明らかにしている。もちろんプロテスタント系の神学においても別の流派は存在しており、自ら非政治的な学派であると称えながら、国家や政治は「まったくの他者」であると主張し、同時に神もまた「まったくの他者」であると規定している。

それにもかかわらずわたしたちは、政治的なものが全体的なものであることを認識しているのであって、あるものを非政治的なものであると決定することは、つねに政治的な決定であることを知っているのであり、その決定を誰が下したのか、その決定の証明根拠が示されているかどうかには関わりがないのではある。このことはまた、特定の神学が政治神学であるか、

政治的でない神学であるかという問題についても言えることである。

本書の第二章の最後の部分で、法学的な思考の二つの類型についてホッブズが述べたことを説明しているが、これについてもう少し補足しておきたいと思う。というのもこれはわたしの法学者としての立場および職業に関わってくるからである。

現在ではわたしは法学的思考の類型は二種類ではなく三種類あると考えている——すなわち規範主義的な法学、決定主義的な法学、制度的な法学の三種類があるのである。ドイツの法学における「制度的な保障」についてのわたしの理論的な研究と、モーリス・オーリウ[*56]の深遠で重要な制度論の考察によって、このように考えを改めるようになったのである。

純粋な規範主義者は、非人格的な規則において思考しようとするし、決断主義者は、正し

＊54　ハインリヒ・ホルストホフ（一八七一〜一九四二）はドイツの神学者。ナチスに迎合してキリスト教とナチズムを調和させようとした「ドイツ・キリスト者」の代表者の一人だった。

＊55　フリードリヒ・ゴーガルテン（一八八七〜一九六七）はドイツの神学者。若い頃は弁証法神学を主張していたが、後年にはハイデガーの影響のもとで実存主義的神学を展開するようになる。

＊56　モーリス・オーリウ（一八五六〜一九二九）はフランスの法学者。主著「公法原論」で新たな公法理論を確立した。「フランス行政法の父」と呼ばれている。

く認識された政治状況を、人格的な決定の形で判定しようとするのであるが、制度的な法思考においては、そうした状況を超人格的な制度や形態において考察しようとする。また規範主義者はその堕落的な形態においては法をたんなる国の官僚制の機能様態にすぎないとみなし、決断主義者はつねに時間を断片的に取り扱う傾向があるため、すべての偉大な政治運動に含まれる恒常的な存在を捉え損ねる危険に直面しているのである。他方で孤立的な制度的な思考は、主権というものを無視した封建的で身分的な成長を重視した多元主義に陥りがちなのである。

このようにして国家と運動と国民という政治的な単位の三つの領域であり三つの単位であるものが、健全な現象形態においても、堕落した現象形態においても、法律的な思考の三つの類型に配置されるのである。

ヴィルヘルム時代とワイマール時代のドイツの国法学においては、いわゆる実証主義と規範主義が支配的であり、これらの理論は自然法や理性法に基づくのではなく、たんに実際に「通用している」規範に依拠するものであったために、内部矛盾に満ちた堕落した規範主義に陥っていた。真の決定ではなく、法的に盲目で「事実的なものの規範の持つ力」に依拠した堕落した決断主義である実証主義が、こうした規範主義に混入していたのである。このような理論的な混合物は明確な形態も理論形成能力も持たないものであって、国法と憲法に関わる重要

な問題には対処しえなかったのである。

これはドイツの国法学における最終段階とも言うべきものであり、決定的な事例について、たとえばビスマルクのプロイセン憲法についての論争や、その後のすべての決定的な事例についても、国法学の見地から答えることができなかったのである。このような決定的な事例に対しては、ドイツ国法学の最終段階は決定を回避することしかできず、「国法学で言えるのはここまでである」というモットーを採用して答えることしかできなかったのである。

一九三三年一一月、ベルリンにて

カール・シュミット

付　録

中性化と脱政治化の時代

Das Zeitalter der Neutralisierungen und Entpolitisierungen

ヨーロッパの理念を体現したロシア

中欧に生きているわたしたちは、いわばロシア人たちのまなざしのもとで生きているのである。過去一世紀というもの、ロシア人の心理的な洞察が、わたしたちの大げさな表現やわたしたちの制度のあり方を見抜いている。彼らの持つ活力は、わたしたちの認識と技術を武器として活用しうるほどの力を備えており、合理主義を目指す彼らの勇気と、それと

は逆に善と悪についての正統な考え方を維持しようとする彼らの力は圧倒的なものである。彼らは社会主義とスラヴ主義の結合を実現したが、これはドノソ・コルテスがすでに一八四八年に、来るべき世紀に起こるべき決定的な出来事として予言していたものである。

これがわたしたちの置かれている現状である。どのような人でも自らの文化的および歴史的な状況を自覚しなければ、文化や歴史について語るに足るべきことを語ることはできない。どのような歴史的な認識も現在の認識なのであって、現在という時間からその光と強度を手に入れるものであり、もっとも深い意味で現在だけに奉仕するものである。なぜならばあらゆる精神はすべて現在の精神だからである。これについてはヘーゲル以来、たとえばベネデット・クローチェ[*57]が明らかにしてきたことである。

わたしたちは過去の世代の多数の著名な歴史家たちという実例のう

ちに、この単純な真理をまざまざと目撃しているのであり、今ではどれほど多くの資料に囲まれていたとしても、あらゆる歴史的な叙述や構成は、素朴な投影や自己同一化に満ちたものであることを見抜けないような人はいない。

だからこそ何よりも必要とされるのは、みずからの置かれた現在の状況を自覚することであろう。最初にロシア人に言及したのは、このことを思い出しておきたかったからである。今では現在の状況を意識して自覚することが困難になっているが、それだけに必要不可欠なことである。あらゆる兆候からみて、一九二九年のわたしたちヨーロッパ人が、疲弊しながらも復旧の努力を重ねる時期を過ごしていることは明らかで

*57　ベネデット・クローチェ（一八六六〜一九五二）はイタリアの哲学者で文芸評論家。全四巻の『精神の哲学』（一九〇二〜一七）の第四巻では、歴史記述の理論を展開し、実証主義哲学に対抗する生の哲学を唱えた。

あるが、これは大きな戦争の後では普通のことであり、理解しやすいことでもある。

一九世紀のヨーロッパでは、人々は「ナポレオンの」フランスを相手にした二〇年間に及ぶ対仏連合戦争の後に、一八一五年からほとんど一世代にわたって、現状《スタトゥス・クオ》をいかに正当化するかを模索する精神状態のうちに生きてきたのである。実際にこの時代のあらゆる議論の論拠とされたのは、過去の事物や過ぎ去りゆきつつある事物を復活させることを目指す営みではなかった。外交上でも内政面でも発作的に「大切なのは現状《スタトゥス・クオ》である、他に何があろうか」という叫びに支えられていたのである。

自分たちが復旧にあたっているという気分のもたらす穏やかさは、新しい事物や新しい関係が妨げられずに急速に発展するために役立っているのであるが、そうしたものがどのような意味と方向性を備えている

かは、復旧するのだという建前の背後に隠されているのである。適切な時期が訪れれば、復旧という名の正当化は、虚ろな亡霊のように姿を消してしまうのである。

ロシア人たちは一九世紀のヨーロッパのあり方を正面から受けとめ、その核心を見抜き、その文化的な前提の持つ究極的な帰結を導き出したのである。わたしたちはいわば過激な同胞たちのまなざしに見据えられており、それによって実践的な帰結を最後まで生き抜くように求められているのである。外交面や内政面での予言は別として、次のことは確かなことと断定できる。すなわちロシアにおいては宗教性を否定した上での技術性が真剣に考えられており、かつての「スペインの」フェリペ二世や「フランスの」ルイ一四世や「ドイツの」フリードリヒ大王などの君主のもとで実現した絶対主義国家と比較しても、はるかに国家主義的な国家がロシアに生まれているのである。こうしたことはすべて前

世紀のヨーロッパの状況の発展として理解できることであり、ロシアはきわめてヨーロッパ的な理念を完成し、克服しただけでなく、ヨーロッパの歴史の核心を、きわめて強調した形で示しているのである。

1　中心領域の順次の交替

過去四世紀の諸段階

ヨーロッパの精神が過去の四世紀にわたってどのような段階を経て発展してきたか、そして人間存在の中心をみいだしてきたさまざまな精神的な領域をどのように通過してきたかを思い出してみよう。過去の四世紀は百年ごとに区切って大きく四つの段階に分けることができる。この四つの世紀に分けられた四つの段階は、神学的な段階、形而上学的な段階、人道的で道徳的な段階、そして最後に経済的な段階である。ヨーロッパ

の精神はこれらの段階を順に経由してきたのである。

人類史の偉大な解説者であるヴィーコ[*58]とコント[*59]は、この一回限りのヨーロッパの歴史的な過程を、人類の発展の一般法則として普遍化したのだった。このようにしてさまざまに平板化され通俗化された著名な「三段階法則」、すなわち神学的なものから形而上学的なものへ、形而上学的なものから「科学的なもの」あるいは「実証主義」へと進化すると主張されたのである。

実際には確実なこととして言えるのは、ヨーロッパの人間が一六世

*58　ジャンバッティスタ・ヴィーコ（一六六八〜一七四四）はイタリアの哲学者で、歴史は循環すると考えた。たとえば英雄時代の後には必ず古典時代が到来し、やがて新たな未開状態に衰微すると考えた。

*59　オーギュスト・コント（一七九八〜一八五七）はフランスの社会学者。アンリ・ド・サン＝シモンの弟子だったこともある。『実証哲学講義』において、人間の知識は神学的段階から形而上学的段階に進み、最後に実証的段階に到達してここで科学的な知識が完成すると主張した。

紀以降、ある中心領域から別の中心領域へと何度か転位したということ、そしてわたしたちの文化的な発展の内容のすべてがこうした転移の影響のもとにあるということだけである。

　過去四世紀のヨーロッパ史においては、わたしたちの精神生活は四つの異なる中心領域をそなえていた。そしてそれぞれの時期において前衛となった活動的なエリートたちの思考は、それぞれの世紀において異なった中心点を軸として展開されてきたのである。

　さまざまな世代の概念は、こうしたたえず転移する中心領域によってしか理解することができない。ここであえて繰り返して念を押しておきたいのは、神学的なものから形而上学的なものへの転位、形而上学的なものから人道的で道徳的なものへの転位、そして最後に人道的で道徳的なものから経済的なものへの転位は、文化史的あるいは精神史的な「優位理論」として考えられているのではなく、さらに三段階法則とか、

それと類似した段階的な様式についての歴史哲学的な法則として考えられているのでもないということである。わたしが論じようとしているのは人間の文化全般についてや世界史のリズムについてではないし、中国人、インド人、エジプト人などについてでもないのである。だから中心領域が転位することで諸段階が移行するとしても、それは上方に向かう「進歩」の直線的な変遷として考えられているわけではなく、その反対に下方に向かう退歩の変遷として考えられているわけでもない。これは上から下に向かう没落の段階として考えるとか、下から上に向かう向上の段階として考えるかとは、まったく別の問題なのである。

　さらにこれらのそれぞれの世紀において、一つの中心領域のほかには何も存在しなかったと考えるのも誤解である。むしろそれまで経由してきたさまざまな段階が、つねに多元的に共存していると考えるべきである。同じ時代に同じ国の人々が、それだけではなく同じ家族の人々

が、同時並行してさまざまな段階を生きているのである。たとえば今日のベルリンは文化的な距離の近さとしては、［ドイツ国内の］ミュンヘンやトリーアなどの都市よりもニューヨークやモスクワのほうに近いのである。

だから中心領域の交替ということは、過去四世紀のヨーロッパ史において指導的なエリートが交替したということ、こうしたエリートの確信と論拠の明証性が絶えず変化したということ、さらに彼らの精神的な関心の内容も、行動原則も、政治的な成功を収めた秘訣も、それらのすべてが変化したということにかかわるものであり、そして大衆がどのような暗示に影響を受けやすかったかという具体的な事実にかかわるものなのである。

神学から形而上学へ、そして啓蒙の時代へ

比類のない歴史的な展開としてとくに明瞭で明確なのは、一六世紀の神学から一七世紀の形而上学への移行が挙げられる。一七世紀は形而上学だけではなく科学的にみてもっとも偉大なヨーロッパの時代であり、西洋の合理主義の真の英雄時代だった。

この体系的な科学的な思考の時代には、スアレス、ベーコン、ガリレイ、ケプラー、デカルト、グロティウス、ホッブズ、スピノザ、パスカル、ライプニッツ、ニュートンなどの人々が生きていた。この時代に数学、天文学、自然科学の分野で行われた驚くべき認識のすべては、一つの形而上学的な体系あるいは「自然の」体系に組み込まれていた。思想家は誰もがスケールの大きな形而上学者だったし、この時代に特徴的にみられた迷信でさえ、占星術という宇宙的で合理主義的な姿を取って

いた。

次の一八世紀には理神論的な哲学の構成によって、形而上学が排除された。この時代は大規模な世俗化の時代であり、啓蒙の時代であり、一七世紀に起きた大きな事件が記述されることによって確認された時代であり、人間主義と合理主義の時代であった。

スアレスが評価の高い多数の著作によって、後世にどれほど大きな影響を残しているかは、具体的に跡づけることができる。道徳と国家理論のいくつかの基本的な概念については、プーフェンドルフはスアレスの亜流にすぎないし、ルソーの社会契約論はプーフェンドルフを通俗化したものにすぎない。

一八世紀に人々がとくに熱中したのは「道徳」についてであったが、その神話的なモットーとなったのはベルチュ、すなわち義務であった。ルソーのロマン主義も、この時代の道徳的なカテゴリーの枠組みを

意識的に破壊しようとしたものではなかった。この時代を特徴的に表現するのがカントの神の概念である。カントの体系においては神はあえて乱暴に表現すれば「倫理学の寄生者」であったにすぎない。「純粋理性批判」という言葉を構成する純粋、理性、批判というそれぞれの言葉が、ドグマと形而上学と実体論に論争を仕掛けているのである。

経済と技術の時代へ

次に一九世紀になると、美的でロマン主義的な傾向と経済的で技術的な傾向が、一見したところ混然と混じり合いながら、しかも不可能と思われるような形で結びついて現れるのである。実際には一九世紀のロマン主義は、一八世紀の道徳主義と一九世紀の経済主義を結びつける中間の段階に過ぎない——このロマン主義というダダイズム的な言葉を、混沌を示すものとしてロマン主義的に使うのであれば別であるが。この時代

のロマン主義はあらゆる精神的な領域を審美的なものとすることによってきわめて容易に、しかももっと巧みに作り出された過渡期にすぎないのである。というのも形而上学的なものと道徳的なものは、審美的なものを経由することによって、経済的なものへと到達するからである。それがどれほど高踏的なものであったとしても、美的な消費や享受を経由する道こそが、精神生活を全般的に経済化するためのもっとも確実でもっとも手軽な道なのである。この道をたどることによって人間存在の中心的な範疇を生産と消費のうちにみいだす精神状況へと到達することができる。精神が連続的に発展する途上においては、ロマン主義的な唯美主義が経済的なものに奉仕する。それが典型的な随伴現象なのである。

ところで技術的なものは一九世紀においてはまだ経済的なものときわめて緊密に結びついており、「産業主義」の姿で現れる。これを特徴的に示すのがマルクス主義の体系によってよく知られている歴史構成と

社会構成の方法である。マルクス主義は経済的なものを、あらゆる精神的なものの基礎であり、基盤であり、「下部構造」であると考える。たしかにマルクス主義は経済的なものの核心につねに技術的なものが存在していることを認めており、人間の経済的な発展の諸段階を、それぞれに固有な技術的な手段によって規定しようとしている。しかし体系そのものとしてはマルクス主義は経済的な体系なのであり、技術的な要素はマルクス主義が通俗化された後に初めて前面に現れる。全体としてみるとマルクス主義は経済的に思考しようと努力しており、そのことによって本質的に経済的な時代である一九世紀の枠組みに留まる体系なのである。

技術の時代としての二〇世紀

ただし一九世紀においてすでに技術の進歩は驚くべきものとなっていた

ので、経済的および社会的な状況は急速な変化を遂げつつあった。そのためすべての道徳的、政治的、社会的、経済的な問題が、この技術の発展という現実の観点から考察されるようになる。驚くべき発明や成果が絶えず生み出されるという途方もない暗示のもとで、技術的な進歩を信じるいわば〈宗教〉が誕生したのであり、この宗教にとっては他のあらゆる問題は、技術の進歩そのものによって自然に解決されるものとみなされた。産業国の大部分の大衆にとってはこの信仰は明白で自明なものであった。指導的なエリートたちはさまざまな中間段階を考え出すものであるが、大衆はこうした中間段階を一挙に飛び越えてしまう。そして奇跡と彼岸を信じる宗教的な信仰が、いかなる中間段階もなしに一挙に、技術的な奇跡と人間の偉大な業績と人間による自然の支配とを信じる宗教へと変わるのである。このようにして呪術的な宗教性が、同じように呪術的な技術性に変わるのである。

二〇世紀は最初からたんに技術の時代としてだけではなく、同時に技術への宗教的な信仰の時代として登場するのである。二〇世紀はしばしば技術の時代と呼ばれるが、この名称は二〇世紀の全体的な状況を言い当てたものではないし、圧倒的な技術性がどのような意味を持つのかという問いもさしあたりは問われないままである。というのは実際には技術信仰は、中心領域の転位に伴って発生したものにすぎず、こうした転位のもつ方向の一貫性に対する信仰として生まれたものにすぎないからである。

それぞれの世紀に特有な概念

精神という概念を含めて、精神的な領域のあらゆる概念はそれ自体が多元的なものであって、具体的な政治的な存在の場から理解するしかないものである。それぞれの国民は独自の国民の概念を持っており、自分た

ちの国民性を構成する特徴は、他の国民を眺めることによってではなく自らを眺めることによって作り出される。それと同じようにそれぞれの文化と文化的な段階には、それに固有の文化概念がそなわっている。人間の精神的な領域に本質的に含まれるあらゆる観念は実存的な性格を持つものであり、規範的なものではないのである。過去四世紀において精神生活の中心領域がこのように絶えず転位するに応じて、すべての概念や用語も絶えず変化してきたのであり、すべての概念と用語について、その多義性に十分に配慮しなければならない。

もともと精神生活のある特定の領域だけに使われるべき概念を、たとえば形而上学的な概念、道徳的な概念、経済的な概念を、それ以外の領域に誤って転用した場合には、大きな誤解が生じるのである（ただし多くの詐欺師はこれを巧みに利用しようとする）。

人々の心のうちに深く刻み込まれて内省を誘い、人々の話題となっ

たさまざまな現象や出来事は、つねに何らかの中心領域に関わるものである。たとえば一八世紀に起きたリスボンの大地震は、その当時に多数の道徳的な文学を生み出すことができたが、現代であれば同じような出来事が起きても、知的な意味で深い影響を残すことはないだろう。むしろ相場の暴落とか破産のような経済的な領域における破局的な出来事であれば、実際的にも理論的にも、広範な人々のうちに強い関心を引き起こすことができるだろう。

それだけではなくそれぞれの世紀に特有な概念があり、そうした概念はその特徴的な意義を、その世紀の中心領域から獲得するのである。そのことを一つの実例で説明してみよう。

たとえば進歩という観念、すなわち改良や完全さの概念、現代的に言えば合理化の観念は、一八世紀という人間主義的で道徳的な信仰の時代において支配的なものとなった観念である。だから進歩とは何よりも

啓蒙における進歩であり、教養や自己の制御や教育における進歩であり、つまり道徳的な意味で完全になることを意味した。ところが経済的および技術的な思考の時代にあっては、進歩とは暗黙のうちに経済的または技術的な進歩であることが自明なものとして考えられるようになる。そしてかつての人道的で道徳的な意味での進歩は、それがそもそも関心を呼ぶとしても、経済的な進歩の副産物としてしか考えられなくなる。ある領域がその時代の中心領域となれば、他の領域の問題はその中心領域の観点から解決されるようになる。そしてそうした問題は中心領域の問題が解決されれば自然と解決されるような副次的な問題にすぎないとみなされるようになるのである。

　このようにして神学の時代には、神学の重要な問題が解決されれば、他のすべての問題も解決されるものと考えられた。その他のすべての問題はいわば人間に「おまけとして与えられた」ものなのである。他

の時代についても同じことが言える。人間主義的で道徳的な時代には、人間を道徳的に教育すること、人間に教育を与えることだけが大切な問題であった。そのためすべての問題は教育の問題になったのである。また経済の時代には財の生産と分配の問題を正しく解決することが重要なのであって、道徳の問題も社会の問題も解決に手間取るようなものとはみなされない。純粋に技術的に思考する人々にとっては経済の問題もまた新たな技術的な発明によって解決されるものとみなされる。この技術の進歩という課題の前では、経済の問題を含めたあらゆる問題が背景に退くことになるのである。

一つの概念はこのように多元的な背景をそなえているのであり、その社会学的な実例を挙げてみよう。学者とは精神性と公開性の代表であり、それぞれの世紀に特有の学者という典型的な現象の特質は、その時代の中心領域によって規定されているのである。一六世紀の学者は神学

者や説教者として現れ、一七世紀の学者は学識の深い体系的な人物として現れた。これらの学者たちはその時代に真の意味での学者の共和国を形成して、大衆とははるかに隔たったところで生きていた。次の一八世紀には貴族主義的な啓蒙の文筆家たちが登場した。さらに一九世紀にはロマン主義的な才能のある学者が登場し、個人的な宗教の多数の司祭たちが登場したものの、これはいわば間奏曲であって、それに惑わされてはならない。一九世紀の真の学者は経済の専門家であり、その最大の実例はカール・マルクスである。ここで問われるべきことは、こうした専門家の経済的な思考が、学者という社会学的な典型にどこまでふさわしいものでありうるか、国民経済学者や経済的な素養を持った法律顧問たちが、どこまで精神的な指導者でありうるかということなのである。

　いずれにしても技術的な思考にとっては学者という存在はもはや不可能なものと思われるが、これについては技術主義的な時代を考察する

際に述べることにしよう。それでもこれまで簡単に述べてきたことによって、学者というタイプはきわめて多元的なものであることが十分に明らかになったはずである。

繰り返すようであるが、精神的な領域のあらゆる概念と観念は、その時代の中心領域の状況によってその具体的で歴史的な内容を獲得するのであり、それによってしか理解することができないのである。たとえば神や自由や進歩のような概念についても、人間性についての人類学的な概念についても、公共性とは何か、合理性とか合理化とは何か、自然の概念や文化そのものの概念はどのようなものであるかなどの問いについても、同じことが言えるのである。

国家の活力の源泉

何よりも国家の現実性と活力は、その時代の中心領域から生まれるので

ある。というのもこれを決定する友と敵の区別という決定的な争点そのものが、その時代を規定する領域を基準として定められるからである。宗教的で神学的なものが中心領域を占めている場合には、「その人の支配地では、その人の宗教を信ぜよ」という命題[*60]が、同時に政治的な意味を備えていたのである。そして宗教的で神学的なものがもはや中心領域ではなくなると、この命題もまたその実際的な意味を喪失した。そしてこの命題は国民と国籍についての文化的な段階（「その人の支配地では、その人の国民となれ」）を経由することで、経済的な段階へと移行して、次のような内容を備えるものとなる。すなわち一つの国家のうちには二つの矛盾する経済体系が存在することはできず、資本主義的な経済秩序と共産主義的な経済秩序はたがいに排除しあうことを意味するものとなった。ソ連においては「その人の支配地では、その人の経済を採用せよ」という命題が大規模に実現されたのである。このことはある特定の地域

においてある特定の精神的な均質性が存在していることが、たんに一六世紀の宗教戦争にあてはまるだけではなく、またヨーロッパの中小の国家の規模だけにおいて存在するものではないこと、そして精神生活の中心領域の交替にふさわしいものとなり、自立した世界領域の規模の大きさの変動にふさわしいものとなることを示している。

この現象の本質は、それが均質な経済国家と経済的な思考に適合しているということである。このような国家は、その時代状況と文化状況を自覚した現代国家であろうとするのであり、歴史的な全体的発展を正しく認識していることを主張せざるをえないのである。国家の支配権の正統性はここにかかっているのである。経済的な時代にあって経済状況

*60　これは信仰属地主義と言い換えられる原則であり、ルター以後の宗教改革に伴う混乱を解決するために、一五五五年のアウグスブルクの和議で確認された原則である。ある領主の領土内で生活している者はすべて、領主の宗教を信奉すべきであるとされた。

を独自に正しく認識し、指導することを放棄するような国家は、政治的な問題や決定に対しても中立を宣言せざるをえなくなり、それによって自らの支配の権利を放棄することになるのである。

国家の中立性の理論

ところで一九世紀のヨーロッパの自由主義国家が、自ら中立で無関心な立場を取り、国家の存在理由をその中立性に見いだすことができたということは、奇妙な現象であった。これにはさまざまな理由があり、単一の原因によって一言で説明することはできない。ここではこのことは一般的な文化的な中立性の一つの現れとして注目される。というのも一九世紀の中立的な国家の理論は、最近数世紀のヨーロッパの歴史に特徴的にみられた精神的な中立主義の一般的な傾向の現れと考えられるからである。技術の時代と呼ばれたものについて、このことから歴史的に説明

することができると思う。ただしこれについては、少なくとも簡略に説明する必要があるだろう。

2　中性化と脱政治化の諸段階

中性的な領域の模索

神学的なものから形而上学的なものへ、そして道徳的なものから経済的なものに到達するというすでに述べた段階の順序は同時に、中心から外れて行くさまざまな領域の中性化が進展する順序を示すものでもある。わたしはヨーロッパ史上において発生したあらゆる精神的な転回のうちでも、一七世紀の伝統的なキリスト教神学から「自然」科学の体系へと移行した転回がもっとも力強く、しかも最も重要な帰結をもたらしたものであると考えている。現代にいたるまで、それ以後のあらゆる発展が

必然的にたどった方向は、この転回によって規定されているのである。

この転回こそがコントの三段階法則とか、スペンサー[*61]の軍事的な時代から産業的時代への発展という構成や、同じような歴史哲学的な構成など、あらゆる人類史の一般的な「法則」のすべてに大きな影響を及ぼしているのである。そしてこの驚くべき転回の核心にあるのは、数世紀を規定する基本的に単純な根本の動機であり、それが中性的な領域を追い求めるというモチーフなのである。

一六世紀には将来的な展望の見えない神学的な議論と論争が行われたが、ヨーロッパの人々はその後は、そうした争いの解消する領域を求めたのであり、それこそが人々が了解し、合意し、たがいに納得し合うことのできる中性的な領域だったのである。

だからこそ人々は議論の多い伝統的なキリスト教神学の概念や論拠から離れて、神学や形而上学や道徳や法の「自然の」体系を構築しよう

としたのだった。この精神史的な過程を正しく描いたのがディルタイの有名な叙述だった。[*62]ディルタイはそこでとくにストア的な伝統の意義の重要性を強調したのだった。

ただしわたしにとっては、神学という従来の中心領域は、解決できない論争をもたらすために放棄され、もっと別な中性的な領域が求められたことこそが、本質的に重要なものだったと考えている。それまでの中心領域は、それが中性化されることによって中心領域であることをやめるのであり、新しい中心領域の土壌の上にこそ、合意をもたらすことのできる最小限の一致と共通の前提がみいだせると期待された。そして

＊61　ハーバート・スペンサー（一八二〇〜一九〇三）はイギリスの哲学者で社会学者。社会進化論を唱え、人間の社会は軍事的な社会から産業的な社会に進化していくと主張した。
＊62　ヴィルヘルム・ディルタイ（一八三三〜一九一一）はドイツの哲学者。『近代ドイツ精神史研究』では、ライプニッツに始まり、フリードリヒ大王の世紀を経てヘーゲルにいたるドイツ啓蒙主義と観念論の発展を記述しながら、学問と宗教、芸術、国家との関連を巨視的に捉えようとした。

この土壌の上でこそ確実さ、明証性、協調、平和が可能になると期待されたのである。これによって中性化と極小化という方向性が示されたのであり、その後の数世紀にわたってヨーロッパの人間が「歩みを進め」て、みずからの真理概念を構築するための法則が定められたのであった。

政治神学の一章

それまでの数世紀にわたって構築されてきた神学的な思考の概念は、もはや人々の関心を集めない個人的な些事とみなされるようになった。一八世紀の理神論の形而上学においては、神そのものがこの世から締め出されたのであり、現実の生活の戦いと対立に直接に関わらない中立的な審級になっていた。ハーマンがカントを批判しながら主張したように[*63]、神はもはや概念となったのであり、本質であることをやめたのである。

一九世紀にはまず君主が、次に国家が中性的な存在となったのであり、ここにおいて政治神学の一章が完成した。この章において中性的な権力と中性的な国家という自由主義的な学説が展開されたが、これは中性化のプロセスの古典的な実例である。こうして中性化のプロセスが政治的な権力という決定的なものにまで及んだのである。しかしこうした発展の弁証法においては、中心領域が転位することによって、絶えず新たな闘争領域が生まれる。最初のうちは中性的な領域と考えられた新たな領域において、直ちに人間的な対立と利害の対立が激化して、それが新たな事実領域をどこまで確保するかに応じて、こうした対立は激しく展開するのである。

このようにヨーロッパの人間は一つの闘争領域から中性的な領域へ

＊63　ヨハン・ゲオルク・ハーマン（一七三〇〜一七八八）はドイツの哲学者。カントを批判しながら、啓蒙思想に反対し、人間の根元能力としての感性と信仰の哲学を主唱した。

と繰り返し移行するのであり、こうして注目を集めた新たな中性的な領域が繰り返したちまちのうちに闘争領域となってしまい、そのために新たな中性領域を別に模索することが必要となるのである。自然科学の科学性でも、平和をもたらすことはできなかった。宗教戦争から始まった戦いは、一九世紀には半ば文化的で半ば経済的に規定された国民戦争へと転化したのであり、これが最終的には経済戦争そのものに転化するのである。

今日では技術信仰が広まっているが、その正しさの証拠は、技術においてついに絶対的で疑う余地のない中性的な土壌が見出されたと信じることができたことだけに基づいている。というのは一見したところ技術ほど中性的に思えるものはないからである。技術はあらゆるものに奉仕する。たとえばラジオはあらゆる種類のあらゆる内容の報道に利用される。郵便は発送されたものをその内容にかかわらず配達する。郵便事

業の運営技術からは、配達されるものの内容の評価や判定に関わるいかなる基準も取り出すことができない。

神学的な問題や形而上学的な問題、道徳的な問題やさらには経済的な問題も、どれも永遠に論争の絶えないような問題であるが、純粋に技術的な問題には、どこか心をすっきりさせるような即物的なところがある。技術的な問題は明証的な形で解決できるのであり、他のあらゆる領域の解決不能な問題から逃れるために、技術性の領域が利用されたのは、大いに理解できるところである。この技術性の領域においてはあらゆる民族と国民が、あらゆる階級と宗派が、あらゆる年齢と性別の人々がすぐにでも合意することができるように思われる。なぜならば技術的な快適さのもたらす利益と便宜は、すべての人が同じ自明さをもって享受しうるものだからである。ここにこそマックス・シェーラーが一九二七年の講演において告知者として提示した全般的な和解の基礎があると

考えることができる。[64] 宗派的な不和、国民的な不和、社会的な不和をめぐるあらゆる論争と混乱が、技術性の領域という完全に中性的な領域において調停される。技術の領域は平和の領域であり、了解の領域であり、和解の領域であるかのようにみえるからである。ヨーロッパ精神は、一七世紀に中性化という道を辿り始めたのであるが、二〇世紀にいたるまでこの中性化という道をあたかも運命であるかのように、辿り続けることになる。平和主義的な信仰と技術主義的な信仰が結びつくことができた理由は、これによってしか説明することができないのである。

技術の中立性とは

とは言いながら技術の中立性には、これまでのあらゆる領域における中立性とは異なったところがある。技術とはたんなる道具であり、武器であって、万人に奉仕するものである。しかしそれだからこそ、技術は中

立的なものとはいえないのだ。技術的なものの固有性からは、人間的で精神的ないかなる決定も生まれないのであり、ましてや中立性を目指す決定も生まれないのである。

あらゆる種類の文化が、あらゆる種類の民族が、あらゆる種類の宗教が、あらゆる種類の戦争と平和が、技術を武器として使用することができる。道具や武器がいつでも使用できる状態になっているということは、こうしたものが実際に使われる可能性がそれだけ大きくなっているということである。技術的な意味での進歩は、形而上学的な進歩や道徳的な進歩である必要はないし、ましてや経済的な進歩である必要はな

＊64　マックス・シェーラー（一八七四〜一九二八）はドイツの哲学者。哲学的人間学の提唱者の一人で、独自な現象学の理論を展開した。シュミットがここで言及しているのはおそらく一九二七年の四月にドイツのダルムシュタット市で行った講演「人間の特殊な地位」であろう。この講演をもとにしてシェーラーは主著『宇宙における人間の地位』を刊行している。

い。

現在でも多くの人々が、技術的な完全性を実現することで、人間主義的で道徳的な進歩が実現されることを期待しているとすれば、それは呪術的な形で技術と道徳を結びつけるものである。現代の技術という素晴らしい道具が、その本来の意味においてのみ、すなわち社会学的な形だけで利用されるに違いないというかなり素朴な前提に基づいたものである。この前提は人間がこの実り多い武器を思うがままに利用することができ、この武器によって生まれる途方もない力を自分のものにすることができると想定するものである。

しかし技術そのものは文化的には、いわば盲目なのである。そのため純粋な技術そのものからは、これまでの精神生活の中心領域から引き出されてきたような帰結は、まったく取り出すことができない。すなわち文化的な進歩の概念も、学者や精神的な指導者の類型も、特定の政治

的なシステムの類型も、そこから取り出すことはできない。

技術的な発明者の階層から政治的に主導的な階層が誕生してくるのではないかと期待されたものだが、この期待はこれまでのところ実現していない。サン゠シモン[*65]やその他の社会学者の構想では「産業的な」社会が生まれることを期待していたのだが、こうした産業的な社会は純粋に技術的なものではなかったし、人間主義的で道徳的な要素を含んでいたか、あるいは経済的な要素を含むものであったか、それでなければまったく空想的なものにすぎなかった。現在の経済の経済的な指導や管理が技術者によって担われたことはなかったし、これまで誰一人として技術者によって指導される社会秩序というものを構想することはできなか

*65 アンリ・ド・サン゠シモン(一七六〇〜一八二五)はフランスの社会主義思想家で、富の生産こそが社会の重要な任務であり、産業階級は貴族や僧侶よりも社会にとって重要であると主張した。主著は『産業者の教理問答』。

った。せいぜい構想することができたのは指導者のいない社会秩序か、管理が行われない社会秩序にすぎなかった。ジョルジュ・ソレルですら、技術者にとどまることはできず、学者になったのである。

技術的に重要な発明が行われたとしても、それが客観的にみてどのような政治的な効果を発揮するかを予測することはできない。一五世紀と一六世紀の発明は、自由主義的で個人主義的の性格をそなえていて、社会の流れに抵抗するような効果を発揮した。印刷術の発明は、出版の自由をもたらしたのである。ところが今日の技術的な発明は、恐るべき大衆支配のための手段を作り出した。放送の発明は放送の独占をもたらし、映画の発明は映画の検閲を招いた。自由かそれとも隷属か、そのどちらであるかを決定する権利は技術そのものにはない。技術は革命的なものでも反動的なものでもありうる。技術は自由に奉仕することも、抑圧に奉仕することもできるし、中央集権化に奉仕することも、分権化に

奉仕することもできるのだ。たんなる技術的な原理や観点からは、政治的な問題提起を行うことも、政治的な問題を解決することもできないのである。

文化の没落

わたしたちの前の世代のドイツの人々は、文化の没落という気分に浸されていた。これはすでに第一次世界大戦の前から表面化していたものであって、一九一八年の［ドイツ帝国の］崩壊やシュペングラーの『西洋の没落』の登場を待つ必要はなかったものである。エルンスト・トレルチやマックス・ウェーバーやワルター・ラーテナウ[*66]の文章にはすでにこうした気分を表明したものが多くみられる。こうした人々には技術のも

*66　ワルター・ラーテナウ（一八六七～一九二二）はドイツの作家でリベラルな政治家。ワイマール共和国の外務大臣をつとめたこともある。

つ抗しがたい力が、精神の欠如が精神を支配するありさまとして、あるいは精神はあっても魂を欠いた機械性のありさまとみえたのである。

かつては「世紀の病」を嘆きながら、やがてはキャリバン[*67]が支配するようになると予想し、いずれは「わたしたちの後を残酷な神が支配する」[*68]ようになると予想していたのだが、ヨーロッパのこの一世紀の後に、魂に欠けた技術の時代が訪れることを嘆くドイツの世代がつづく。この世代の人々は、この時代には魂が無力で寄る辺のないものであることを嘆くようになる。マックス・シェーラーの構築した無力な神の形而上学のうちにも、エリートは随伴するばかりの浮動的な人々であって結局は無力なものであるというレオポルト・ツィーグラー[*69]の想定のうちにも、技術の時代においては魂であれ精神であれ、寄る辺のない存在であることが書き込まれているのである。

技術と技術性

こうした不安は、中性化の過程が今や終局にまで推し進められたことによって生まれた暗澹とした感情から生まれたものであるだけに、根拠のあるものだった。というのも技術において、精神的な中立性が精神的な虚無にまで到達していたからである。このプロセスではまず宗教と神学が捨て去られ、次に形而上学と国家が捨て去られたのであるが、今では

＊67　キャリバンはウィリアム・シェイクスピアの戯曲『テンペスト』に登場する怪物。ここでは野蛮人の代名詞に使われている。
＊68　ここでシュミットは After us the savage god と英語で引用している。これはイギリスのロマン派の詩人のイエイツがパリでジャリの『ユビュ王』の芝居をみたあとで書いたエッセイのタイトルであり、「残酷な神が支配する」と訳されている。
＊69　レオポルト・ツィーグラー（一八八一〜一九五八）はドイツの哲学者。『神々の姿の変遷』（一九二〇年）ではヨーロッパにおける神のイメージの変遷を描き、シュペングラーの『西洋の没落』などの著作と比較された。

あらゆる文化的なものまでが捨て去られてしまい、このようにして文化的な死という中立性に到達するにいたったのである。

通俗的な大衆の宗教は技術の持つ見かけだけの中立性によって、人間に天国が与えられることを期待したのであるが、すでに名前を挙げた傑出した社会学者たちは、現代のヨーロッパ精神がこれまで辿ってきたあらゆる段階の序列の移行順序を支配してきた傾向が、今では文化そのものを脅かすようになっていることを感じ取っていたのである。これに新たに生まれた階層と大衆への不安が加わった。こうした新たな階層や大衆は、技術化があらゆる面で進むことによって生まれた白紙状態（タブラ・ラサ）から発生してきたものである。文化的で社会的な虚無という深淵から、それまで伝えられてきた教養とも趣味ともまったく無縁で、こうした伝統的な教養や趣味を敵視する新しい大衆が生まれてきたのである。

しかしこうした不安は、新たに登場した技術という素晴らしい道具が使われるのを待っているにもかかわらず、自分たちにはそれを自らの目的に合わせて使うだけの力がないのではないかという疑念によって生まれたものだった。一方で技術、とくに現代の技術はすべて人間の知性と紀律によって生まれたものである。こうした成果をたんに生命も魂もないものとみなすことは、技術そのものと技術性という宗教を混同することであり、許されないことなのである。技術性の精神は、たしかに宗教を否定しながら現世的な能動主義を鼓吹する大衆信仰をもたらしたのではあるが、これはあくまでも精神であり、それがいかに邪悪で悪魔的な精神であるとしても、それをたんに機械的なものとして片づけることはできないし、あるいはそれを技術に付随するものとして片づけることもできない。それは恐るべきものかもしれないが、それ自体は技術的なものでも機械的なものでもないのである。

この精神は技術性の能動主義的な形而上学の確信から生まれたものであり、人間が自然に対して、さらには人間のうちの自然としての身体に対して無際限の力と支配を行使することができるという信仰である。この精神はまた、「自然による制約を減らす」という目標を限りなく推進することができるという信仰であり、自然によって与えられた人間の現世における現存在を限りなく変容させることができ、幸福を実現できるという信仰なのである。これを空想的な信仰とも悪魔的な信仰とも呼ぶことはできようが、それをたんに生命のないもの、精神のないもの、機械的で魂のないものと呼ぶことはできないのである。

虚無への恐怖

これと同じように文化的で社会的な虚無への恐怖は、精神的な過程やその力学についての平静な知識から生まれたものというよりはむしろ、現

状が脅かされていることに対するパニック的な恐怖から生まれたものなのである。あらゆる新たな大進撃も、あらゆる革命や改革も、あらゆるエリートも、すべて禁欲からあるいは自発的な窮乏から、または強いられた窮乏から生まれるものである。この窮乏とは何よりも現状のもたらす安全性を放棄することを意味する。

原始キリスト教も、キリスト教内部のあらゆる改革も、ベネディクト修道会の改革や、クリュニー修道会のフランシスコ派の改革も、再洗礼派や清教徒の改革も、既成の現状の持つ快適さや気楽さに対抗して、文化的または社会的な虚無を感じるところから生まれたものである。あらゆる真の意味での再生も、あらゆる真の原理への復帰も、あらゆる腐敗することのなく損なわれていない本性への復帰も、すべてこのような虚無感から生まれるものなのである。それは沈黙のうちに密かに育まれるものであり、歴史家も社会学者も、初期の状態においてはそれをたん

なる虚無として認識することしかできないだろう。輝きに満ちた現前の瞬間は、このような密やかで目立たない始原との結びつきが失われかけている瞬間でもあるのである。

技術と大衆

文化的な生活のさまざまな領域において中性化が進むプロセスは、このようにして技術に到達することでその終点に達したのである。技術はこれまであらゆる中性化プロセスにおける中立的な地盤となっていたが、今ではあらゆる強力な政治が利用することのできるものとなった。だから二〇世紀を精神的な意味で技術の世紀として捉えることは、ただ一時的にしか正しくないと言うことができる。その最終的な意味が明らかになるのは、どのような種類の政治が、新たな技術を支配するだけの力を持ちうるかが明らかになってからであり、新たな基盤の上にどのような

敵と味方の区別が生まれるようになるかが明らかになってからである。

産業化された国民の大衆は現在でも、曖昧な形で登場した技術性の宗教というものを信奉している。というのは大衆というものは過激な帰結を求めるからであり、技術においてこそ数世紀にわたって追い求められてきた絶対的な非政治化が実現され、戦争がなくなり、普遍的な平和が始まると、無意識のうちに信じているからである。しかし技術というものは平和を推進することも戦争を推進することも同じように実現できるのである。技術は戦争も平和も同じように迎え入れるのであり、平和という名目や誓いも、これをいささかも変えるものではない。現代ではさまざまな名目や言葉遣いのうちで、大衆への暗示という技術的なメカニズムが働いているのであり、わたしたちはこうした煙幕の向こうにあるものを見抜いているのである。

わたしたちはこのような用語の持つ秘密の法則すら知り抜いてい

る。そして現代ではわたしたちは、平和という名のもとで忌まわしい戦争が遂行されること、自由という名のもとで恐るべき抑圧が行われること、人道の名のもとで恐ろしい非人道的な扱いが行われることを知り抜いている。そして最後にわたしたちは技術性の時代を、たんなる精神的な死であるとか、魂を持たない機械的なものであるとしか考えなかったかつての世代の気分も見抜いている。わたしたちは精神生活の多元主義を認識しているのであり、精神的な存在の中心領域が中性的な領域ではありえないことを知っているのである。機械的なものと有機的なものとの対立によって、あるいは死と生の対立によって政治的な問題を解決しようとするのは誤りであることを知っているのである。

もしも生が、自らに対立するものとして死しかみいだすことができなくなったならば、それはもはや生ではなく、無気力や無力にほかならない。死のほかにはいかなる敵も知らず、そうした敵をたんなる空虚な

機械装置としてしかみなせない者は、もはや生よりも死に近づいているのである。そして有機的なものと機械的なものという便宜的な対立そのものが、どこか粗雑な機械的なものを含んでいる。自分の方には精神と生命しかみいだすことがなく、相手側には死と機械装置しかみいだすことのないような対立関係は、闘争の放棄を意味するものにすぎず、ロマン主義的な訴えとしての価値しか持たないものである。というのも生は死と戦うわけではなく、精神は無精神と戦うわけではないからである。精神が戦うのは精神とであり、生が戦うのは生とである。人間的な事物の秩序が生まれるのは統合的な知識の力によってである。「根源からこそ新たな秩序が生まれる*70」のである。

*70　ここでシュミットは ab integro nascitur ordo とラテン語で表記している。ウェルギリウスの『牧歌』の第四歌の五行目に「Magnus ab integro saeclorum nascitur ordo」と語られており、これはふつうは「時代の大いなる秩序が新たに生まれる」と訳される。シュミットはここから ab integro nascitur ordo だけを抜き取って引用したのである。

訳者あとがき

緊急事態宣言と「例外状態」

一九一八年にドイツの敗北によって第一次世界大戦は終結し、ドイツの第二帝政は崩壊した。その後、リープクネヒトとローザ・ルクセンブルグを虐殺して成立したワイマール共和国は、建国当初からヴェルサイユ条約をめぐって困難な国内情勢に悩まされていた。与党の社会民主党は過半数を得ることができず、カトリックの中央党とドイツ自由党との連合でかろうじて政権を維持していたのだった。

カール・シュミットは一九二〇年代には基本的にワイマール共和国とワイマール憲法を支持する姿勢を示していたが、一九二一年の『独裁』ならびに一九二六年の『現代議会主義の精神史的地位』などの著作において、ワイマールの政治情勢に鋭い批判を加えるようになってい

た。そして一九二二年に発表されたこの『政治神学』という著作は、当時のケルゼンに代表されるような規範主義的な法学の理論を批判するとともに、このような政治情勢における政府の統治能力に重要な疑問を投げかけるものとなった。

当時の有力な法学者であるケルゼンは、主権を持つのは統治者や国民ではなく国家そのものであり、国家において定められた法規範であると考えていた。しかしシュミットは、ワイマール共和国の現実の政治的な情勢から考える限り、政治的な力を持つのはこのような法規範そのものではなく、法規範が適用されない例外状態において決定を下すことができる存在であると考えていた。ワイマール共和国を統治していたのは政治党派としての与党の連合政権であるが、議会における政党の間の討論によって問題を解決しようとする試みは、果てしのない混乱状態に陥っていたからである。このような討論によっては、ワイマール共和国は憲法という法規範によって定められていない例外状態に対処することができないのは、シュミットにとっては自明のことであった。しかもこのような例外状態こそが政治的にみてきわめて重要な意味を持っていたのである。

シュミットの考える例外状態とは、そもそも法規範によっては解決することができない状態のことである。「絶対的な例外状態というものは、正規の形で適用される法規で構成された一

般的な規範によっては決して把握することができないもの」（本書一二ページ）なのである。この時代のドイツは、右翼のカップ一揆やコミンテルンに指導されたドイツ共産党の反乱である三月事件など、国内においてもほぼ内戦状態が続いていたのであり、ワイマール憲法によって定められた法規範ではこのような内戦状態を解決する見込みはまったくなかったのである。だからこそ主権者であるのは抽象的な概念である「国家」でも、客観的な法規範でもなく、このような例外状態において決断を下す者でなければならない。「主権者とは、例外状態について決定を下す者のことである」（一一ページ）。当時の多くの法学者は、こうした例外状態は法学の問題ではなく、政治的に解決すべき問題だと考えていた。しかしシュミットは内戦状態のドイツの現状を考えるならば、この問題はたんに政治的な問題である以前に、法律を定めるのは誰であり、法律の適用範囲を決定するのは誰であるか、法律が適用できない状態に対処するのは誰であるかにかかわる根本的な法律学の問題であると考えたのである。

とくにワイマール憲法では第四八条第二項において、法律の規範が適用できない例外的な緊張事態においては、大統領が憲法の規定の適用を一時的に停止し、必要な決定を下す権利が認められると規定していた。ワイマール憲法では、「ドイツ国において、公共の安全および秩序に著しい障害が生じ、またはそのおそれがあるときは、ライヒ大統領は、公共の安全および秩

序を回復させるために必要な措置をとることができ、必要な場合には、武装兵力を用いて介入することができる」と規定し、そのために大統領は憲法の「基本権の全部または一部を停止することができる」とされていたのである。シュミットは大統領のこのような例外状態における超法規的な権力の行使について、前年に発表した著作『独裁』においては「委任独裁」の執行であると解釈していた。当時のドイツでは大統領のこの権利を制約することを求める法学者が多かったが、シュミットは大統領がこのような例外状態の権限を行使する可能性を確保することは民主主義的な憲法を護持するためにもきわめて重要であると考えていたのである。

やがてシュミットは、一九三二年の『政治的なものの概念』において、例外状態が発生したかどうかを決定する主権者は同時に、「友・敵関係による結集を行う決定を下すことのできる統一体」としての政治体であると考えるようになる。誰が友であり、誰が敵であるという政治的な決定を下す主体は主権者としての政治体なのである。主権者は例外状態について決定を下す法的な主体であると同時に、誰が敵であるかを決定する政治的な主体でもあるとされていたのである。

この著作ではさらに、このような大統領の例外状態における権力の行使の規定は、キリスト教の神学における神の奇跡の概念に相当するものであることを指摘し、「現代の国家論の重要

な概念は、すべて世俗化された神学概念である」（一一一ページ）と喝破したことも注目される。シュミットは「法律学にとっては例外状況という概念は、神学における〈奇跡〉の概念と同じような意味をそなえている。このような類似関係を意識しなければ、過去数百年の国家哲学におけるさまざまな理念の発展について認識することはできない」（一一二ページ）と考えていたのである。この考え方の背景にあるのは、ヨーロッパは一六世紀以来、さまざまな中心領域を軸として、さまざまな中心的な理念を展開してきたという歴史観である。この歴史観について詳細に展開したのが、付録として収録した「中性化と脱政治化の時代」という文章である。この文章は一九二九年一〇月一二日にスペインのバルセロナで開催された「ヨーロッパ文化連合」の会議で行われた講演の原稿であり、『政治的なものの概念』の第二版に付録として掲載され、一九四〇年に刊行された論文集『立場と概念』に収録されたものである。

西洋の一六世紀においてはすべての事柄が宗教的なものの観点から考察される傾向があった。この時代は「神学の時代」だったのである。ところが一七世紀になると、こうした宗教的な事柄が世俗化されて、形而上学と科学という理性の営みの観点から考察されるようになる。「数学、天文学、自然科学の分野で行われた驚くべき認識のすべては、一つの形而上学的な体系あるいは「自然の」体系に組み込まれていた」（二一一ページ）のだった。やがてこの形而上学

もまた「脱中心化」されて中心領域としての力を失う。来る一八世紀は、「大規模な世俗化の時代であり、啓蒙の時代」（二一二ページ）であり、「人間主義と合理主義の時代」（同）となったのである。この時代にはあらゆる事柄が人間の「理性」という観点から考察されるようになる。次の一九世紀には「理性」にたいするこのような信仰が失われ、人間の生活を規制する経済こそがすべての中心であると考えられるようになる。経済こそが下部構造として、人間のすべての営みの土台であり、基礎であると考えるマルクス主義がその代表と言えるだろう。やがて到来した二〇世紀は技術の時代である。この技術というものの特色は、それまで中心領域とみなされてきたすべての領域を一挙に中性化してしまうことにある。技術はどのような目的にも使うことができるからである。

このように西洋の思考においては、それぞれの世紀ごとくにさまざまな領域が中心的な地位を占めてきた。そして神への信仰から道徳と人間的なものに、道徳と人間的なものから経済的なものに、経済的なものから技術的なものに中心領域が移り変わってきたのであるが、こうした中心領域の変遷において注目されるのは、新たに中心領域として登場したものにほとんど宗教的なまでの信仰が捧げられたことである。二〇世紀の技術の時代も例外ではない。かつての「呪術的な宗教性が、同じように呪術的な技術性に変わる」（二一六ページ）だけのこと

なのである。このように西洋の人々の心性を支配する中心領域は変遷しても、その背後にはかつての宗教性が形を変えただけで残存しているのである。

そして政治の領域においても重要な概念はかつての神学的な概念が姿を変えて残存していることが多かった。そして主権の概念は、絶対主義の時代には王が神から主権を授かったという王権神授説として表現されたのであった。こうした神学的な主権の理論は、「〈君臨すれども統治せず〉という一九世紀の〈中性的な〉権力の理論、〈管理すれども統治せず〉という純粋な規範国家や行政国家の理論」（一九三〜一九四ページ）という形で政治的に表現されることもあったのである。そして現代では例外状態において法規範を超越して統治する主権者という世俗的な形で表現されたにすぎないのである。さまざまな主権の理論の背後に、こうした神学的な残滓の存在をかぎつけるシュミットの嗅覚は鋭い。

現代では「例外状態」は、統治者が法的な裏付けなしに決定を下すための口実のようになっている。コロナ禍の時代における緊急事態の宣言なども、超法規的な措置として一般的に是認されているのであり、このような超法規的な決定は、現代ではごくありふれたものとなってしまった。「例外状態」はもはや「例外」ではなく、たんなる「常態」になっているのである。

死の直前にベンヤミンが書き残したように、「緊急事態は実は通常事態なのである」（ベン

ヤミン『歴史の概念について』。『ベンヤミン・コレクション』一、浅井健二郎編訳、ちくま学芸文庫、六五二ページ)。そしてアガンベンが指摘するように、「例外状態はもはや例外的尺度としてではなく、ますます統治の技術として登場するようになった」(アガンベン『例外状態』上村忠雄・中村勝巳訳、未来社、一八ページ)と言えるだろう。そして「例外状態が規則に転化するときは、法的・政治的な体系は死を招く機械に変貌してしまう」(同、一七四〜五ページ)ことを覚悟しなければならないかもしれないのである。

＊

なお本書の企画と翻訳にあたっては、いつものように日経BPの黒沢正俊さんにご配慮いただいた。記して感謝したい。

二〇二一年一〇月　　中山　元

19. 隷従への道
フリードリヒ・ハイエク
村井章子［訳］

20. 世界宗教の経済倫理
比較宗教社会学の試み
序論・中間考察
マックス・ウェーバー
中山 元［訳］

21. 情報経済の鉄則
ネットワーク型経済を
生き抜くための戦略ガイド
カール・シャピロ
＋ハル・ヴァリアン
大野 一［訳］

22. 陸と海
世界史的な考察
カール・シュミット
中山 元［訳］

23. パールハーバー
警告と決定
ロバータ・ウォルステッター
北川知子［訳］

24. 貨幣発行自由化論
改訂版
通貨間競争の理論と実行に
関する分析
フリードリヒ・ハイエク
村井章子［訳］

25. 雇用、金利、通貨の
一般理論
ジョン・メイナード・ケインズ
大野 一［訳］

26. 政治神学
主権の学説についての四章
カール・シュミット
中山 元［訳］

日経ＢＰクラシックス 既刊

1. 資本主義と自由
ミルトン・フリードマン
村井章子［訳］

2. マネジメント
務め、責任、実践 I〜IV
ピーター・ドラッカー
有賀裕子［訳］

3. 大暴落 1929
ジョン・K・ガルブレイス
村井章子［訳］

4. 職業としての政治／職業としての学問
マックス・ウェーバー
中山 元［訳］

5. 代議士の誕生
ジェラルド・カーティス
山岡清二＋大野 一［訳］

6. 大収縮 1929–1933
「米国金融史」第7章
ミルトン・フリードマン
＋アンナ・シュウォーツ
久保恵美子［訳］

7. プロテスタンティズムの倫理と資本主義の精神
マックス・ウェーバー
中山 元［訳］

8. 世界一シンプルな経済学
ヘンリー・ハズリット
村井章子［訳］

9. ロンバード街
金融市場の解説
ウォルター・バジョット
久保恵美子［訳］

10. 自由論
ジョン・スチュアート・ミル
山岡洋一［訳］

11. 資本論
経済学批判 第1巻 I〜IV
カール・マルクス
中山 元［訳］

12. 経済史の構造と変化
ダグラス・C・ノース
大野 一［訳］

13. 歴史主義の貧困
カール・ポパー
岩坂 彰［訳］

14. 道徳感情論
アダム・スミス
村井章子＋北川知子［訳］

15. グリフィス版
孫子 戦争の技術
サミュエル・B・グリフィス
漆嶋 稔［訳］

16. 赤字の民主主義
ケインズが遺したもの
ジェームズ・M・ブキャナン
＋リチャード・E・ワグナー
大野 一［訳］

17. 決定の本質
キューミサイル危機の分析
第2版 I、II
グレアム・アリソン
＋フィリップ・ゼリコウ
漆嶋 稔［訳］

18. 資本主義、社会主義、民主主義 I、II
ヨーゼフ・シュンペーター
大野 一［訳］

著者略歴

カール・シュミット（Carl Schmitt）一八八八〜一九八五。ドイツの法哲学者・政治理論家。「敵は殲滅せよ」という友敵理論や「例外状態」を想定して強力な権力の登場を説く「例外状態理論」などで知られ、ナチス政権の理論的支柱と言われた。戦後、逮捕・訴追されたが、ニュルンベルグ裁判で不起訴。著書に『陸と海　世界史的な考察』（日経ＢＰクラシックス）、『政治的ロマン主義』、『政治的なものの概念』、『現代議会主義の精神史的地位』、『大地のノモス』他。

訳者略歴

中山元（なかやま・げん）思想家・翻訳家。一九四九年生まれ。東京大学教養学部中退。著書に『わたしたちはなぜ笑うのか　笑いの哲学史』（新曜社）、『自由の哲学者カント　カント哲学入門「連続講義」』（光文社）、『フーコー入門』（ちくま新書）など。訳書にシュミット『陸と海　世界史的な考察』、マルクス『資本論　経済学批判　第1巻』Ⅰ〜Ⅳ、ウェーバー『プロテスタンティズムの倫理と資本主義の精神』、同『世界宗教の経済倫理　比較宗教社会学の試み　序論・中間考察』（以上、日経ＢＰクラシックス）、フロイト『フロイト、性と愛について語る』、ハイデガー『存在と時間』、カント『純粋理性批判』（以上、光文社古典新訳文庫）、アレント『責任と判断』（ちくま学芸文庫）など。

『日経BPクラシックス』発刊にあたって

グローバル化、金融危機、新興国の台頭など、今日の世界にはこれまで通用してきた標準的な認識を揺がす出来事が次々と起っている。しかしそもそもそうした認識はなぜ標準として確立したのか、その源流を辿れば、それは古典に行き着く。古典自体は当時の新しい認識の結晶である。著者は新しい時代が生んだ新たな問題を先鋭に捉え、その問題の解決法を模索して古典を誕生させた。解決法が発見できたかどうかは重要ではない。重要なのは彼らの問題の捉え方が卓抜であったために、それに続く伝統が生まれたことである。

世界が変革に直面し、わが国の知的風土が衰亡の危機にある今、古典のもつ発見の精神は、われわれにとりますます大切である。もはや標準とされてきた認識をマニュアルによって学ぶだけでは変革についていけない。ハウツーものは「思考の枠組み（パラダイム）」の転換によってすぐ時代遅れになる。自ら問題を捉え、自ら解決を模索する者。答えを暗記するのではなく、答えを自分の頭で捻り出す者。古典は彼らに貴重なヒントを与えるだろう。新たな問題と格闘した精神の軌跡に触れることこそが、現在、真に求められているのである。

一般教養としての古典ではなく、現実の問題に直面し、その解決を求めるための武器としての古典。それを提供することが本シリーズの目的である。原文に忠実であろうとするあまり、心に迫るものがない無国籍の文体。過去の権威にすがり、何十年にもわたり改められることのなかった翻訳。それをわれわれは一掃しようと考える。著者の精神が直接訴えかけてくる瞬間を読者がページに感じ取られたとしたら、それはわれわれにとり無上の喜びである。

政治神学　主権の学説についての四章

二〇二一年一一月二二日　第一版第一刷発行

著者　カール・シュミット
訳者　中山元
発行者　村上広樹
発行　日経BP
発売　日経BPマーケティング
〒一〇五-八三〇八
東京都港区虎ノ門四-三-一二
https://www.nikkeibp.co.jp/books

装丁・本文デザイン　祖父江慎＋根本匠（cozfish）
製作　朝日メディアインターナショナル
印刷・製本　中央精版印刷

ISBN978-4-296-00036-4

本書籍に関するお問い合わせ、ご連絡は左記にて承ります。
https://nkbp.jp/booksQA